LAIA B

LOS HERALDOS NEGROS
TRILCE

CESAR VALLEJO

OBRAS COMPLETAS

I. LOS HERALDOS NEGROS (1918)
TRILCE (1922)

EDITORIAL LAIA

BARCELONA, 1981

Cubierta de
Enric Satué

Primera edición en Ediciones de Bolsillo: marzo, 1976
Segunda edición en Ediciones de Bolsillo: febrero, 1979
Tercera edición en "Laia B": junio, 1981

Propiedad de esta edición
(incluido el diseño de la cubierta):
EDITORIAL LAIA, S. A.
Constitución, 18-20, Barcelona-14

Impreso en: Romanyà/Valls, Verdaguer, 1, Capellades (Barcelona)

Depósito legal: B. 17.964 - 1981

ISBN: 84-7222-303-5 (Obra completa)
ISBN: 84-7222-304-3 (1er. volumen)

Printed in Spain

LOS HERALDOS NEGROS
1918

Qui pótest cápere capiat
EL EVANGELIO

LOS HERALDOS NEGROS

Hay golpes en la vida, tan fuertes... Yo no sé!
Golpes como del odio de Dios; como si ante ellos,
la resaca de todo lo sufrido
se empozara en el alma... Yo no sé!

Son pocos; pero son... Abren zanjas oscuras
en el rostro más fiero y en el lomo más fuerte.
Serán tal vez los potros de bárbaros atilas;
o los heraldos negros que nos manda la Muerte.

Son las caídas hondas de los Cristos del alma,
de alguna fe adorable que el Destino blasfema.
Esos golpes sangrientos son las crepitaciones
de algún pan que en la puerta del horno se nos quema

Y el hombre... Pobre... pobre! Vuelve los ojos, como
cuando por sobre el hombro nos llama una palmada;
vuelve los ojos locos, y todo lo vivido
se empoza, como un charco de culpa, en la mirada.

Hay golpes en la vida, tan fuertes... Yo no sé!

PLAFONES ÁGILES

DESHOJACIÓN SAGRADA

LUNA! Corona de una testa inmensa,
que te vas deshojando en sombras gualdas!
Roja corona de un Jesús que piensa
trágicamente dulce de esmeraldas!

Luna! Alocado corazón celeste
¿por qué bogas así, dentro la copa
llena de vino azul, hacia el oeste,
cual derrotada y dolorida popa?

Luna! Y a fuerza de volar en vano,
te holocaustas en ópalos dispersos;
tú eres tal vez mi corazón gitano
que vaga en el azul llorando versos!...

COMUNIÓN

Linda Regia! Tus venas son fermentos
de mi no ser antiguo y del champaña
negro de mi vivir!

Tu cabello es la ignota raicilla
del árbol de mi vid.
Tu cabello es la hilacha de una mitra
de ensueño que perdí!

Tu cuerpo es la espumante escaramuza
de un rosado Jordán;
y ondea, como un látigo beatífico
que humillara a la víbora del mal!

Tus brazos dan la sed de lo infinito,
con sus castas hespérides de luz,
cual dos blancos caminos redentores,
dos arranques murientes de una cruz.
Y están plasmados en la sangre invicta
de mi imposible azul!

Tus pies son dos heráldicas alondras
que eternamente llegan de mi ayer!
Linda Regia! Tus pies son las dos lágrimas
que al bajar del Espíritu ahogué,
un Domingo de Ramos que entré al Mundo
ya lejos para siempre de Belén!

NERVAZÓN DE ANGUSTIA

Dulce hebrea, desclava mi tránsito de arcilla;
desclava mi tensión nerviosa y mi dolor...
Desclava, amada eterna, mi largo afán y los
dos clavos de mis alas y el clavo de mi amor!

Regreso del desierto donde he caído mucho;
retira la cicuta y obséquiame tus vinos:
espanta con un llanto de amor a mis sicarios,
cuyos gestos son férreas cegueras de Longinos!

Desclávame mis clavos ¡oh nueva madre mía!
¡Sinfonía de olivos, escancia tu llorar!
Y has de esperar, sentada junto a mi carne muerta,
cuál cede la amenaza, y la alondra se va!

Pasas... vuelves... Tus lutos trenzan mi gran cilicio
con gotas de curare, filos de humanidad,
la dignidad roquera que hay en tu castidad,
y el judithesco azogue de tu miel interior.

Son las ocho de la mañana de un crema brujo...
hay frío... Un perro pasa royendo el hueso de otro
perro que fue... Y empieza a llorar en mis nervios
un fósforo que en cápsulas de silencio apagué!

Y en mi alma hereje canta su dulce fiesta asiática
un dionisíaco hastío de café...!

BORDAS DE HIELO

Vengo a verte pasar todos los días,
vaporcito encantado siempre lejos...
Tus ojos son dos rubios capitanes;
tu labio es un brevísimo pañuelo
rojo que ondea en un adiós de sangre!

Vengo a verte pasar; hasta que un día,
embriagada de tiempo y de crueldad,
vaporcito encantado siempre lejos,
la estrella de la tarde partirá!

Las jarcias; vientos que traicionan; vientos
de mujer que pasó!
Tus fríos capitanes darán orden;
y quien habrá partido seré yo...!

NOCHEBUENA

Al callar la orquesta, pasean veladas
sombras femeninas bajo los ramajes,
por cuya hojarasca se filtran heladas
quimeras de luna, pálidos celajes.

Hay labios que lloran arias olvidadas,
grandes lirios fingen los ebúrneos trajes.
Charlas y sonrisas en locas bandadas
perfuman de seda los rudos boscajes.

Espero que ría la luz de tu vuelta;
y en la epifanía de tu forma esbelta,
cantará la fiesta en oro mayor.

Balarán mis versos en tu predio entonces,
canturreando en todos sus místicos bronces
que ha nacido el niño-jesús de tu amor.

ASCUAS

Para Domingo Parra del Riego

Luciré para Tilia, en la tragedia,
mis estrofas en óptimos racimos;
sangrará cada fruta melodiosa,
como un sol funeral, lúgubres vinos,
        Tilia tendrá la cruz
que en la hora final será de luz!
Prenderé para Tilia, en la tragedia,
la gota de fragor que hay en mis labios;
y el labio al encresparse para el beso,
se partirá en cien pétalos sagrados.
        Tilia tendrá el puñal,
el puñal floricida y auroral!

Ya en la sombra, heroína, intacta y mártir,
tendrás bajo tus plantas a la Vida;
¡mientras veles, rezando mis estrofas,
mi testa, como una hostia en sangre tinta!
        Y en un lirio, voraz,
mi sangre, como un virus, beberás!

MEDIALUZ

He soñado una fuga. Y he soñado
tus encajes dispersos en la alcoba.
A lo largo de un muelle, alguna madre;
y sus quince años dando el seno a una hora.

He soñado una fuga. Un «para siempre»
suspirado en la escala de una proa;
he soñado una madre;
unas frescas matitas de verdura,
y el ajuar constelado de una aurora.

A lo largo de un muelle...
Y a lo largo de un cuello que se ahoga!

SAUCE

Lirismo de invierno, rumor de crespones,
cuando ya se acerca la pronta partida;
agoreras voces de tristes canciones
que en la tarde rezan una despedida.

Visión del entierro de mis ilusiones
en la propia tumba de mortal herida.
Caridad verónica de ignotas regiones,
donde a precio de éter se pierde la vida.

Cerca de la aurora partiré llorando;
y mientras mis años se vayan curvando,
curvará guadañas mi ruta veloz.

Y ante fríos óleos de luna muriente,
con timbres de aceros en tierra indolente,
cavarán los perros, aullando, un adiós!

AUSENTE

Ausente! La mañana en que me vaya
más lejos de lo lejos al Misterio,
como siguiendo inevitable raya,
tus pies resbalarán al cementerio.

Ausente! La mañana en que a la playa
del mar de sombra y del callado imperio,
como un pájaro lúgubre me vaya,
será el blanco panteón tu cautiverio.

Se habrá hecho de noche en tus miradas;
y sufrirás, y tomarás entonces
penitentes blancuras laceradas.

Ausente! ¡Y en tus propios sufrimientos
ha de cruzar entre un llorar de bronces
una jauría de remordimientos!

AVESTRUZ

Melancolía, saca tu dulce pico ya;
no cebes tus ayunos en mis trigos de luz.
Melancolía, basta! Cuál beben tus puñales
la sangre que extrajera mi sanguijuela azul!

No acabes el maná de mujer que ha bajado;
yo quiero que de él nazca mañana alguna cruz,
mañana que no tenga yo a quien volver los ojos,
cuando abra su gran O de burla el ataúd.

Mi corazón es tiesto regado de amargura;
hay otros viejos pájaros que pastan dentro de él...
Melancolía, deja de secarme la vida,
y desnuda tu labio de mujer...!

BAJO LOS ALAMOS

Para José Garrido

Cual hieráticos bardos prisioneros,
los álamos de sangre se han dormido.
Rumían arias de yerba al sol caído,
las greyes de Belén en los oteros.

El anciano pastor, a los postreros
martirios de la luz, estremecido,
en sus pascuales ojos ha cogido
una casta manada de luceros.

Labrado en orfandad baja al instante
con rumores de entierro, al campo orante;
y se otoñan de sombra las esquilas.

Supervive el azul urdido en hierro,
y en él, amortajadas las pupilas,
traza su aullido pastoral un perro.

BUZOS

LA ARAÑA

Es una araña enorme que ya no anda;
una araña incolora, cuyo cuerpo,
una cabeza y un abdomen, sangra.

Hoy la he visto de cerca. Y con qué esfuerzo
hacia todos los flancos
sus pies innumerables alargaba.
Y he pensado en sus ojos invisibles,
los pilotos fatales de la araña.

Es una araña que temblaba fija
en un filo de piedra;
el abdomen a un lado,
y al otro la cabeza.

Con tantos pies la pobre, y aún no puede
resolverse. Y, al verla
atónita en tal trance,
hoy me ha dado qué pena esa viajera.

Es una araña enorme, a quien impide
el abdomen seguir a la cabeza.
Y he pensado en sus ojos
y en sus pies numerosos...
¡Y me ha dado qué pena esa viajera!

BABEL

Dulce hogar sin estilo, fabricado
de un solo golpe y de una sola pieza
de cera tornasol. Y en el hogar
ella daña y arregla; a veces dice:
«El hospicio es bonito; aquí no más!»
¡Y otras veces se pone a llorar!

ROMERÍA

Pasamos juntos. El sueño
lame nuestros pies ¡qué dulce;
y todo se desplaza en pálidas
renunciaciones sin dulce.

Pasamos juntos. Las muertas
almas, las que, cual nosotros,
cruzaron por el amor,
con enfermos pasos ópalos,
salen en sus lutos rígidos
y se ondulan en nosotros.

Amada, vamos al borde
frágil de un montón de tierra.
Va en aceite ungida el ala,
y en pureza. Pero un golpe,
al caer yo no sé dónde,
afila de cada lágrima
un diente hostil.

Y un soldado, un gran soldado,
heridas por charreteras,
se anima en la tarde heroica,
y a sus pies muestra entre risas,
como una gualdrapa horrenda,
el cerebro de la Vida.

Pasamos juntos, muy juntos,
invicta Luz, paso enfermo;
pasamos juntos las lilas
mostazas de un cementerio.

EL PALCO ESTRECHO

Más acá, más acá. Yo estoy muy bien.
Llueve; y hace una cruel limitación.
Avanza, avanza el pie.

Hasta qué hora no suben las cortinas
esas manos que fingen un zarzal?
Ves? Los otros, qué cómodos, qué efigies.
¡Más acá, más acá!

Llueve. Y hoy pasará otra nave
cargada de crespón;
será como un pezón negro y deforme
arrancado a la esfíngica Ilusión.

Más acá, más acá. Tú estás al borde
y la nave arrastrarte puede al mar.
Ah, cortinas inmóviles, simbólicas...
Mi aplauso es un festín de rosas negras:
cederte mi lugar!
Y en el fragor de mi renuncia,
un hilo de infinito sangrará.

Yo no debo estar tan bien;
avanza, avanza el pie!

DE LA TIERRA

¿........................

—Si te amara... ¿qué sería?
—Una orgía!
—Y si él te amara?
Sería
todo de rito, pero menos dulce.

Y si tú me quisieras?
La sombra sufriría
justos fracasos en tus niñas monjas.

Culebrean latigazos,
cuando el can ama a su dueño?
—No; pero la luz es nuestra.
Estás enfermo... Vete... Tengo sueño.

(Bajo la alameda vesperal
se quiebra un fragor de rosa.)
—Idos, pupilas, pronto...
Ya retoña la selva en mi cristal!

EL POETA A SU AMADA

Amada, en esta noche tú te has sacrificado
sobre los dos maderos curvados de mi beso;
y tu pena me ha dicho que Jesús ha llorado,
y que hay un viernesanto más dulce que ese beso.

En esta noche rara que tanto me has mirado,
la Muerte ha estado alegre y ha cantado en su hueso.
En esta noche de setiembre se ha oficiado
mi segunda caída y el más humano beso.

Amada, moriremos los dos juntos, muy juntos;
se irá secando a pausas nuestra excelsa amargura;
y habrán tocado a sombra nuestros labios difuntos.

Y ya no habrá reproches en tus ojos benditos;
ni volveré a ofenderte. Y en una sepultura
los dos nos dormiremos, como dos hermanitos.

VERANO

Verano, ya me voy. Y me dan pena
las manitas sumisas de tus tardes.
Llegas devotamente; llegas viejo;
y ya no encontrarás en mi alma a nadie.

Verano! y pasarás por mis balcones
con gran rosario de amatistas y oros,
como un obispo triste que llegara
de lejos a buscar y a bendecir
los rotos aros de unos muertos novios.

Verano, ya me voy. Allá, en setiembre
tengo una rosa que te encargo mucho;
la regarás de agua bendita todos
los días de pecado y de sepulcro.

Si a fuerza de llorar el mausoleo,
con luz de fe su mármol aletea,
levanta en alto tu responso, y pide
a Dios que siga para siempre muerta.
Todo ha de ser ya tarde;
y tú no encontrarás en mi alma a nadie.

Ya no llores, Verano! En aquel surco
muere una rosa que renace mucho...

SETIEMBRE

Aquella noche de setiembre, fuiste
tan buena para mí... hasta dolerme!
Yo no sé lo demás; y para eso,
no debiste ser buena, no debiste.

Aquella noche sollozaste al verme
hermético y tirano, enfermo y triste.
yo no sé lo demás... y para eso
yo no sé por qué fui triste... tan triste...

Sólo esa noche de setiembre dulce,
tuve a tus ojos de Magdala, toda
la distancia de Dios... y te fui dulce!

Y también fue una tarde de setiembre
cuando sembré en tus brasas, desde un auto,
lós charcos de esta noche de diciembre.

HECES

Esta tarde llueve como nunca; y no
tengo ganas de vivir, corazón.

Esta tarde es dulce. Por qué no ha de ser?
Viste gracia y pena; viste de mujer.

Esta tarde en Lima llueve. Y yo recuerdo
las cavernas crueles de mi ingratitud;
mi bloque de hielo sobre su amapola,
más fuerte que su «No seas así!»

Mis violentas flores negras; y la bárbara
y enorme pedrada; y el trecho glacial.
Y pondrá el silencio de su dignidad
con óleos quemantes el punto final.

Por eso esta tarde, como nunca, voy
con este búho, con este corazón.

Y otras pasan; y viéndome tan triste,
toman un poquito de ti
en la abrupta arruga de mi hondo dolor.

Esta tarde llueve, llueve mucho. ¡Y no
tengo ganas de vivir, corazón!

IMPÍA

Señor! Estabas tras los cristales
humano y triste de atardecer;
y cuál lloraba tus funerales
esa mujer!

Sus ojos eran el jueves santo,
dos negros granos de amarga luz!
Con duras gotas de sangre y llanto
clavó tu cruz!

Impía! Desde que tú partiste,
Señor, no ha ido nunca al Jordán,
en rojas aguas su piel desviste,
y al vil judío le vende pan!

LA COPA NEGRA

La noche es una copa de mal. Un silbo agudo
del guardia la atraviesa, cual vibrante alfiler.
Oye, tú, mujerzuela ¿cómo, si ya te fuiste,
la onda aún es negra y me hace aún arder?

La Tierra tiene bordes de féretro en la sombra.
Oye tú, mujerzuela, no vayas a volver.

Mi carne nada, nada
en la copa de sombra que me hace aún doler;
mi carne nada en ella,
como en un pantanoso corazón de mujer.

Ascua astral... He sentido
secos roces de arcilla
sobre mi loto diáfano caer.
Ah, mujer! Por ti existe
la carne hecha de instinto. Ah mujer!

Por eso ¡oh, negro cáliz! aun cuando ya te fuiste,
me ahogo con el polvo;
y piafan en mis carnes más ganas de beber!

DESHORA

Pureza amada, que mis ojos nunca
llegaron a gozar. Pureza absurda!

Yo sé que estabas en la carne un día,
cuando yo hilaba aún mi embrión de vida.

Pureza en falda neutra de colegio;
y leche azul dentro del trigo tierno

a la tarde de lluvia, cuando el alma
ha roto su puñal en retirada,

cuando ha cuajado en no sé qué probeta
sin contenido una insolente piedra.

Cuando hay gente contenta; y cuando lloran
párpados ciegos en purpúreas bordas.

Oh, pureza que nunca ni un recado
me dejaste, al partir del triste barro

ni una migaja de tu voz; ni un nervio
de tu convite heroico de luceros.

Alejáos de mí, buenas maldades,
dulces bocas picantes...

Yo la recuerdo al veros ¡oh, mujeres!
Pues de la vida en la perenne tarde,
nació muy poco ¡pero mucho muere!

FRESCO

Llegué a confundirme con ella,
Llegué a confundirme con ella
tanto…! Por sus recodos
espirituales, yo me iba
jugando entre tiernos fresales,
entre sus griegas manos matinales.

Ella me acomodaba después los lazos negros
y bohemios de la corbata. Y yo
volvía a ver la piedra
absorta, desairados los bancos, y el reloj
que nos iba envolviendo en su carrete,
al dar su inacabable molinete.

Buenas noches aquellas,
que hoy la dan por reír
de mi extraño morir,
de mi modo de andar meditabundo.
Alfeñiques de oro,
joyas de azúcar
que al fin se quiebran en
el mortero de losa de este mundo.

Pero para las lágrimas de amor,
los luceros son lindos pañuelitos
lilas,
naranjos,
verdes,
que empapa el corazón.
Y si hay ya mucha hiel en esas sedas,
hay un cariño que no nace nunca,
que nunca muere,
vuela otro gran pañuelo apocalíptico,
la mano azul, inédita de Dios!

YESO

Silencio. Aquí se ha hecho ya de noche,
ya tras del cementerio se fue el sol;
aquí se está llorando a mil pupilas:
no vuelvas; ya murió mi corazón.
Silencio. Aquí ya todo está vestido
de color riguroso; y arde apenas,
como un mal kerosene, esta pasión.

Primavera vendrá. Cantarás «Eva»
desde un minuto horizontal, desde un
hornillo en que arderán los nardos de Eros.
¡Forja allí tu perdón para el poeta,
que ha de dolerme aún,
como clavo que cierra un ataúd!

Mas... una noche de lirismo, tu
buen seno, tu mar rojo
se azotará con olas de quince años,
al ver lejos, aviado con recuerdos
mi corsario bajel, mi ingratitud.

Después, tu manzanar, tu labio dándose,
y que se aja por mí por la vez última,
y que muere sangriento de amar mucho,
como un croquis pagano de Jesús.

Amada! Y cantarás;
y ha de vibrar el femenino en mi alma,
como en una enlutada catedral.

NOSTALGIAS IMPERIALES

I

En los paisajes de Mansiche labra
imperiales nostalgias el crepúsculo;
y lábrase la raza en mi palabra,
como estrella de sangre a flor de músculo.

El campanario dobla... No hay quien abra
la capilla... Diríase un opúsculo
bíblico que muriera en la palabra
de asiática emoción de este crepúsculo.

Un poyo con tres patas, es retablo
en que acaban de alzar labios en coro
la eucaristía de una chicha de oro.

Más allá de los ranchos surge al viento
el humo oliendo a sueño y a establo,
como si se exhumara un firmamento.

II

La anciana pensativa, cual relieve
de un bloque pre-incaico, hila que hila;
en sus dedos de Mama el huso leve
la lana gris de su vejez trasquila.

Sus ojos de esclerótica de nieve
un ciego sol sin luz guarda y mutila...!
Su boca está en desdén, y en calma aleve
su cansancio imperial tal vez vigila.

Hay ficus que meditan, melenudos
trovadores incaicos en derrota,
la rancia pena de esta cruz idiota,

en la hora en rubor que ya se escapa,
y que es lago que suelda espejos rudos
donde náufrago llora Manco-Cápac.

III

Como viejos curacas van los bueyes
camino de Trujillo, meditando...
Y al hierro de la tarde, fingen reyes
que por muertos dominios van llorando.

En el muro de pie, pienso en las leyes
que la dicha y la angustia van trocando:
ya en las viudas pupilas de los bueyes
se pudren sueños que no tienen cuando.

La aldea, ante su paso, se reviste
de un rudo gris, en que un mugir de vaca
se aceita en sueño y emoción de huaca.

Y en el festín del cielo azul yodado
gime en el cáliz de la esquila triste
un viejo coraquenque desterrado.

IV

La Grama mustia, recogida, escueta
ahoga no sé qué protesta ignota:
parece el alma exhausta de un poeta,
arredrada en un gesto de derrota.

La Ramada ha tallado su silueta,
cadavérica jaula, sola y rota,
donde mi enfermo corazón se aquieta
en un tedio estatual de terracota.

Llega el canto sin sal del mar labrado
en su máscara bufa de canalla
que babea y da tumbos, ahorcado!

La niebla hila una venda al cerro lila
que en ensueños miliarios se enmuralla,
como un huaco gigante que vigila.

HOJAS DE ÉBANO

Fulge mi cigarrillo;
su luz se limpia en pólvoras de alerta.
Y a su guiño amarillo
entona un pastorcillo
el tamarindo de su sombra muerta.

Ahoga en una enérgica negrura
el caserón entero
la mustia distinción de su blancura.
Pena una frágil aroma de aguacero.

Están todas las puertas muy ancianas,
y se hastía en su habano carcomido
una insomne piedad de mil ojeras.
Yo las dejé lozanas;
y hoy ya las telarañas han zurcido
hasta en el corazón de sus maderas,
coágulos de sombra oliendo a olvido.
La del camino, el día
que me miró llegar, trémula y triste,
mientras que sus dos brazos entreabría,
chilló como en un llanto de alegría.
Que en toda fibra existe,
para el ojo que ama, una dormida
novia perla, una lágrima escondida.

Con no sé qué memoria secretea
mi corazón ansioso.
—Señora?... —Sí, señor; murió en la aldea;
aún la veo envueltita en su rebozo...

Y la abuela amargura
de un cantar neurasténico de paria
¡oh, derrotada musa legendaria!
afila sus melódicos raudales
bajo la noche oscura:
como si abajo, abajo
en la turbia pupila de cascajo
de abierta sepultura,
celebrando perpetuos funerales,
se quebrasen fantásticos puñales.

Llueve... llueve... Sustancia el aguacero,
reduciéndolo a fúnebres olores,
el humor de los viejos alcanfores
que velan *tahuashando* en el sendero
con sus ponchos de hielo y sin sombrero.

TERCETO AUTÓCTONO

I

El puño labrador se aterciopela,
y en cruz en cada labio se aperfila.
Es fiesta! El ritmo del arado vuela;
y es un chantre de bronce cada esquila.

Afílase lo rudo. Habla escarcela...
En las venas indígenas rutila
un yaraví de sangre que se cuela
en nostalgias de sol por la pupila.

Las palias, aquenando hondos suspiros,
como en raras estampas seculares,
enrosarian un símbolo en sus giros.

Luce el Apóstol en su trono, luego;
y es, entre inciensos, cirios y cantares,
el moderno dios sol para el labriego.

Echa una cana al aire el indio triste.
Hacia el altar fulgente va el gentío.
El ojo del crepúsculo desiste
de ver quemado vivo el caserío.

La pastora de lana y llanque viste,
con pliegues de candor en su atavío;
y en su humildad de lana heroica y triste,
copo es su blanco corazón bravío.

Entre músicas, fuegos de bengala,
solfea un acordeón! Algún tendero
da su reclame al viento: «Nadie iguala!»

Las chispas al flotar lindas, graciosas,
son trigos de oro audaz que el chacarero
siembra en los cielos y en las nebulosas.

III

Madrugada. La chicha al fin revienta
en sollozos, lujurias, pugilatos;
entre olores de úrea y de pimienta
traza un ebrio al andar mil garabatos.

«Mañana que me vaya...» se lamenta
un Romeo rural cantando a ratos.
Caldo madrugador hay ya de venta;
y brinca un ruido aperital de platos.

Van tres mujeres... silba un golfo... Lejos
el río anda borracho y canta y llora
prehistorias de agua, tiempos viejos.
Y al sonar una *caja* de Tayanga,
como iniciando un *huaino* azul, remanga
sus pantorrillas de azafrán la Aurora.

ORACIÓN DEL CAMINO

Ni sé para quién es esta amargura!
Oh, Sol, llévala tú que estás muriendo,
y cuelga, como un Cristo ensangrentado,
mi bohemio dolor sobre su pecho.
        El valle es de oro amargo;
         y el viaje es triste, es largo.
Oyes? regaña una guitarra. Calla!
Es tu raza, la pobre viejecita
que al saber que eres huésped y que te odian,
se hinca la faz con una roncha lila.
        El valle es de oro amargo,
         y el trago es largo... largo...
Azulea el camino, ladra el río...
Baja esa frente sudorosa y fría,
fiera y deforme. Cae el pomo roto
de una espada humanicida!

Y en el mómico valle de oro santo,
la brasa de sudor se apaga en llanto!

Queda un olor de tiempo abonado de versos,
para brotes de mármoles consagrados que hereden
la aurífera canción
de la alondra que se pudre en mi corazón!

HUACO

Yo soy el coraquenque ciego
que mira por la lente de una llaga,
y que atado está al Globo,
como a un huaco estupendo que girara.

Yo soy el llama, a quien tan sólo alcanza
la necedad hostil a trasquilar
volutas de clarín,
volutas de clarín brillantes de asco
y bronceadas de un viejo yaraví.

Soy el pichón de cóndor desplumado
por latino arcabuz;
y a flor de humanidad floto en los Andes,
como un perenne Lázaro de luz.

Yo soy la gracia incaica que se roe
en áureos coricanchas bautizados
de fosfatos de error y de cicuta.
A veces en mis piedras se encabritan
los nervios rotos de un extinto puma.

Un fermento de Sol;
¡levadura de sombra y corazón!

MAYO

Vierte el humo doméstico en la aurora
su sabor a rastrojo;
y canta, haciendo leña la pastora
un salvaje aleluya!
                    Sepia y rojo.

Humo de la cocina, aperitivo
de gesta en este bravo amanecer.
El último lucero fugitivo
lo bebe, y, ebrio ya de su dulzor,
¡oh celeste zagal trasnochador!
se duerme entre un jirón de rosicler.

Hay ciertas ganas lindas de almorzar,
y beber del arroyo, y chivatear!
Aletear con el humo allá, en la altura;
o entregarse a los vientos otoñales
en pos de alguna Ruth sagrada, pura,
que nos brinde una espiga de ternura
bajo la hebraica unción de los trigales!

Hoz al hombro calmoso,
acre el gesto brioso,
va un joven labrador a Irichugo,
Y en cada brazo que parece yugo
se encrespa el férreo jugo palpitante
que en creador esfuerzo cotidiano
chispea, como trágico diamante,
a través de los poros de la mano
que no ha bizantinado aún el guante.

Bajo un arco que forma verde aliso,
¡oh cruzada fecunda del andrajo!,
pasa el perfil macizo
de este Aquiles incaico del trabajo.

La zagala que llora
su yaraví a la aurora,
recoge ¡oh Venus pobre!
frescos leños fragantes
en sus desnudos brazos arrogantes
esculpidos en cobre.
En tanto que un becerro,
perseguido del perro,
por la cuesta bravía
corre, ofrendando al floreciente día
un himno de Virgilio en su cencerro!

Delante de la choza
el indio abuelo fuma;
y el serrano crepúsculo de rosa,
el ara primitiva se sahúma
en el gas del tabaco.
Tal surge de la entraña fabulosa
de epopéyico huaco,
mítico aroma de broncíneos lotos,
el hilo azul de los alientos rotos!

ALDEANA

Lejana vibración de esquilas mustias
en el aire derrama
la fragancia rural de sus angustias.
En el patio silente
sangra su despedida el sol poniente.
El ámbar otoñal del panorama
toma un frío matiz de gris doliente!

Al portón de la casa
que el tiempo con sus garras torna ojosa,
asoma silenciosa
y al establo cercano luego pasa,
la silueta calmosa
de un buey color de oro,
que añora con sus bíblicas pupilas,
oyendo la oración de las esquilas,
su edad viril de toro!

Al muro de la huerta,
aleteando la pena de su canto,
salta un gallo gentil, y, en triste alerta,
cual dos gotas de llanto,
tiemblan sus ojos en la tarde muerta!

Lánguido se desgarra
en la vetusta aldea
el dulce yaraví de una guitarra,
en cuya eternidad de hondo quebranto
la triste voz de un indio dondonea,
como un viejo esquilón de camposanto.

De codos yo en el muro,
cuando triunfa en el alma el tinte oscuro
y el viento reza en los ramajes yertos
llantos de quenas, tímidos, inciertos,
suspiro una congoja,
al ver que la penunmbra gualda y roja
llora un trágico azul de idilios muertos!

IDILIO MUERTO

Qué estará haciendo esta hora mi andina y dulce Rita
de junco y capulí;
ahora que me asfixia Bizancio, y que dormita
la sangre, como flojo cognac, dentro de mí.

Dónde estarán sus manos que en actitud contrita
planchaban en las tardes blancuras por venir;
ahora, en esta lluvia que me quita
las ganas de vivir.

Qué será de su falda de franela; de sus
afanes; de su andar;
de su sabor a cañas de Mayo del lugar.

Ha de estarse a la puerta mirando algún celaje,
y al fin dirá temblando «¡Qué frío hay... Jesús!»
Y llorará en las tejas un pájaro salvaje.

TRUENOS

EN LAS TIENDAS GRIEGAS

Y el Alma se asustó
a las cinco de aquella tarde azul desteñida.
El labio entre los linos la imploró
con pucheros de novio para su prometida.

El pensamiento, el gran General se ciñó
de una lanza deicida.
El Corazón danzaba; más, luego sollozó:
¿la bayadera esclava estaba herida?

Nada! Fueron los tigres que la dan por correr
a apostar en aquel rincón, y triste ver
los ocasos que llegan desde Atenas.

No habrá remedio para este hospital de nervios,
para el gran campamento irritado de este atardecer!

Y el General escruta volar siniestras penas
allá.......................................
en el desfiladero de mis nervios!

ÁGAPE

Hoy no ha venido nadie a preguntar;
ni me han pedido en esta tarde nada.

No he visto ni una flor de cementerio
en tan alegre procesión de luces.
Perdóname, Señor: qué poco he muerto!

En esta tarde todos, todos pasan
sin preguntarme ni pedirme nada.

Y no sé qué se olvidan y se queda
mal en mis manos, como cosa ajena.

He salido a la puerta,
y me da ganas de gritar a todos:
¡Si echan de menos algo, aquí se queda!

Porque en todas las tardes de esta vida,
yo no sé con qué puertas dan a un rostro,
y algo ajeno se toma el alma mía.

Hoy no ha venido nadie;
y hoy he muerto qué poco en esta tarde!

LA VOZ DEL ESPEJO

Así pasa la vida, como raro espejismo.
La rosa azul que alumbra y da el ser al cardo!
Junto al dogma del fardo
matador, el sofisma del Bien y la Razón!

Se ha cogido, al acaso, lo que rozó la mano;
los perfumes volaron, y entre ellos se ha sentido
el moho que a mitad de la ruta ha crecido
en el manzano seco de la muerta Ilusión.

Así pasa la vida,
con cánticos aleves de agostada bacante.
Yo voy todo azorado, adelante... adelante,
rezongando mi marcha funeral.

Van al pie de brahamánicos elefantes reales,
y al sórdido abejeo de un hervor mercurial
parejas que alzan brindis esculpidos en roca
y olvidados crepúsculos una cruz en la boca.

Así pasa la vida, vasta orquesta de Esfinges
que arrojan al vacío su marcha funeral.

ROSA BLANCA

Me siento bien. Ahora
brilla un estoico hielo
en mí.
Me da risa esta soga
rubí
que rechina en mi cuerpo.

Soga sin fin,
como una
voluta
descendente
de
mal...
soga sanguínea y zurda
formada de
mil dagas en puntal.

Que vaya así, trenzando
sus rollos de crespón;
y que ate el gato trémulo
del Miedo al nido helado,
al último fogón.

Yo ahora estoy sereno,
con luz.
Y maya en mi Pacífico
un náufrago ataúd.

LA DE A MIL

El suertero que grita «La de a mil»
contiene no sé qué fondo de Dios.

Pasan todos los labios. El hastío
despunta en una arruga su ya nó.
Pasa el suertero que atesora, acaso
nominal, como Dios,
entre panes tantálicos, humana
impotencia de amor.

Yo le miro al andrajo. Y él pudiera
darnos el corazón;
pero la suerte aquella que en sus manos
aporta, pregonando en alta voz,
como un pájaro cruel, irá a parar
adonde no lo sabe ni lo quiere
este bohemio dios.

Y digo en este viernes tibio que anda
a cuestas bajo el sol:
por qué se habrá vestido de suertero
la voluntad de Dios!

EL PAN NUESTRO

Para Alejandro Gamboa

Se bebe el desayuno... Húmeda tierra
de cementerio huele a sangre amada.
Ciudad de invierno... La mordaz cruzada
de una carreta que arrastrar parece
una emoción de ayuno encandenada!

Se quisiera tocar todas las puertas,
y preguntar por no sé quién; y luego
ver a los pobres, y, llorando quedos,
dar pedacitos de pan fresco a todos.
Y saquear a los ricos sus viñedos
con las dos manos santas
que a un golpe de luz
volaron desclavadas de la Cruz!

Pestaña matinal, no os levantéis!
¡El pan nuestro de cada día dánoslo,
Señor...!
¡Todos mis huesos son ajenos;
yo tal vez los robé!

Yo vine a darme lo que acaso estuvo
asignado para otro;
y pienso que, si no hubiera nacido,
otro pobre tomara este café!
Yo soy un mal ladrón... A dónde iré!

Y en esta hora fría, en que la tierra
Trasciende a polvo humano y es tan triste,
quisiera yo tocar todas las puertas,
y suplicar a no sé quién, perdón,
y hacerle pedacitos de pan fresco
aquí, en el horno de mi corazón...!

ABSOLUTA

Color de ropa antigua. Un Julio a sombra,
y un Agosto recién segado. Y una
mano de agua que injertó en el pino
resinoso de un tedio malas frutas.

Ahora que has anclado, oscura ropa,
tornas rociada de un suntuoso olor
a tiempo, a abreviación... Y he cantado
el proclive festín que se volcó.

Mas ¿no puedes, Señor, contra la muerte,
contra el límite, contra lo que acaba?
Ay! la llaga en color de ropa antigua,
cómo se entreabre y huele a miel quemada!

Oh unidad excelsa! Oh lo que es uno
por todos!
Amor contra el espacio y contra el tiempo!
Un latido único de corazón;
un solo ritmo: Dios!

Y al encogerse de hombros los linderos
en un bronco desdén irreductible,
hay un riego de sierpes
en la doncella plenitud del 1.
¡Una arruga, una sombra!

CAPITULACIÓN

Anoche, unos abriles granas capitularon
ante mis mayos desarmados de juventud;
los marfiles histéricos de su beso me hallaron
muerto; y en un suspiro de amor los enjaulé.

Espiga extraña, dócil. Sus ojos me asediaron
una tarde amaranto que dije un canto a sus
cantos; y anoche, en medio de los brindis, me hablaron
las dos lenguas de sus senos abrasadas de sed.

Pobre trigueña aquella; pobres sus armas; pobres
sus velas cremas que iban al tope en las salobres
espumas de un marmuerto. Vencedora y vencida,

se quedó pensativa y ojerosa y granate.
Yo me partí de aurora. Y desde aquel combate,
de noche entran dos sierpes esclavas a mi vida.

DESNUDO EN BARRO

Como horribles batracios a la atmósfera,
suben visajes lúgubres al labio.
Por el Sahara azul de la Substancia
camina un verso gris, un dromedario.

Fosforece un mohín de sueños crueles.
Y el ciego que murió lleno de voces
de nieve. Y madrugar, poeta, nómada,
al crudísimo día de ser hombre.

Las Horas van febriles, y en los ángulos
abortan rubios siglos de ventura.
Quién tira tanto el hilo; quién descuelga
sin piedad nuestros nervios,
cordeles ya gastados, a la tumba?

Amor! Y tú también. Pedradas negras
se engendran en tu máscara y la rompen.
¡La tumba es todavía
un sexo de mujer que atrae al hombre!

LÍNEAS

Cada cinta de fuego
que, en busca del Amor,
arrojo y vibra en rosas lamentables,
me da a luz el sepelio de una víspera.
Yo no sé si el redoble en que lo busco,
será jadear de roca,
o perenne nacer de corazón.

Hay tendida hacia el fondo de los seres,
un eje ultranervioso, honda plomada.

¡La hebra del destino!
Amor desviará tal ley de vida,
hacia la voz del Hombre;
y nos dará la libertad suprema
en transubstanciación azul, virtuosa,
contra lo ciego y lo fatal.

¡Que en cada cifra lata,
recluso en albas frágiles,
el Jesús aún mejor de otra gran Yema!

Y después... La otra línea...
Un Bautista que aguaita, aguaita, aguaita...
Y, cabalgando en intangible curva,
un pie bañado en púrpura.

AMOR PROHIBIDO

Subes centelleante de labios y ojeras!
Por tus venas subo, como un can herido
que busca el refugio de blandas aceras.

Amor, en el mundo tú eres un pecado!
Mi beso es la punta chispeante del cuerno
del diablo; mi beso que es credo sagrado!

Espíritu es el horópter que pasa
             ¡puro en su blasfemia!
¡el corazón que engendra al cerebro!
que pasa hacia el tuyo, por mi barro triste.
             ¡Platónico estambre
que existe en el cáliz donde tu alma existe!

¿Algún penitente silencio siniestro?
¿Tú acaso lo escuchas? Inocente flor!
...Y saber que donde no hay un Padrenuestro,
el Amor es un Cristo pecador!

LA CENA MISERABLE

Hasta cuándo estaremos esperando lo que
no se nos debe... Y en qué recodo estiraremos
nuestra pobre rodilla para siempre! Hasta cuándo
la cruz que nos alienta no detendrá sus remos.

Hasta cuándo la Duda nos brindará blasones
por haber padecido...
            Ya nos hemos sentado
mucho a la mesa, con la amargura de un niño
que a media noche, llora de hambre, desvelado...

Y cuándo nos veremos con los demás, al borde
de una mañana eterna, desayunados todos.
Hasta cuándo este valle de lágrimas, a donde
yo nunca dije que me trajeran.
            De codos
todo bañado en llanto, repito cabizbajo
y vencido: hasta cuándo la cena durará.

Hay alguien que ha bebido mucho, y se burla,
y acerca y aleja de nosotros, como negra cuchara
de amarga esencia humana, la tumba...
            Y menos sabe
ese oscuro hasta cuándo la cena durará!

PARA EL ALMA IMPOSIBLE DE MI AMADA

Amada: no has querido plasmarte jamás
como lo ha pensado mi divino amor.
      Quédate en la hostia,
      ciega e impalpable
      como existe Dios.

Si he cantado mucho, he llorado más
por ti ¡oh mi parábola excelsa de amor!
      Quédate en el seso,
      y en el mito inmenso
      de mi corazón!

Es la fe, la fragua donde yo quemé
el terroso hierro de tanta mujer;
y en un yunque impío te quise pulir.
      Quédate en la eterna
      nebulosa, ahí
en la multicencia de un dulce noser.

Y si no has querido plasmarte jamás
en mi metafísica emoción de amor,
      deja que me azote
      como un pecador.

EL TÁLAMO ETERNO

Sólo al dejar de ser, Amor es fuerte!
Y la tumba será una gran pupila,
en cuyo fondo supervive y llora
la angustia del amor, como en un cáliz
de dulce eternidad y negra aurora.

Y los labios se encrespan para el beso,
como algo lleno que desborda y muere;
y, en conjunción crispante,
cada boca renuncia para la otra
una vida de vida agonizante.

Y cuando pienso así, dulce es la tumba
donde todos al fin se compenetran
en un mismo fragor;
dulce es la sombra, donde todos se unen
en una cita universal de amor.

LAS PIEDRAS

Esta mañana bajé
a las piedras ¡oh las piedras!
Y motivé y troquelé
un pugilato de piedras.

Madre nuestra, si mis pasos
en el mundo hacen doler,
es que son los fogonazos
de un absurdo amanecer.

Las piedras no ofenden; nada
codician. Tan sólo piden
amor a todos, y piden
amor aun a la Nada.

Y si algunas de ellas se
van cabizbajas, o van
avergonzadas, es que
algo de humano harán...

Mas, no falta quien a alguna
por puro gusto golpee.
Tal, blanca piedra es la luna
que voló de un puntapié...

Madre nuestra, esta mañana
me he corrido con las hiedras,
al ver la azul caravana
de las piedras,
de las piedras,
de las piedras...

RETABLO

Yo digo para mí: por fin escapo al ruido;
nadie me ve que voy a la nave sagrada.
Altas sombras acuden,
y Darío que pasa con su lira enlutada.

Con paso innumerable sale la dulce Musa,
y a ella van mis ojos, cual polluelos al grano.
La acosan tules de éter y azabaches dormidos,
en tanto sueña el mirlo de la vida en su mano.

Dios mío, eres piadoso, porque diste esta nave,
donde hacen estos brujos azules sus oficios.
Darío de las Américas celestes! ¡Tal ellos se parecen
a ti! Y de tus trenzas fabrican sus cilicios.

Como ánimas que buscan entierros de oro absurdo,
aquellos arciprestes vagos del corazón,
se internan, y aparecen... y, hablándonos de lejos,
nos lloran el suicidio monótono de Dios!

PAGANA

Ir muriendo y cantando. Y bautizar la sombra
con sangre babilónica de noble gladiador.
Y rubricar los cuneiformes de la áurea alfombra
con la pluma del ruiseñor y la tinta azul del dolor.

¿La Vida? Hembra proteica. Contemplarla asustada
escaparse en sus velos, infiel, falsa Judith;
verla desde la herida, y asirla en la mirada,
incrustando un capricho de cera en un rubí.
Mosto de Babilonia, Holofernes, sin tropas,
en el árbol cristiano yo colgué mi nidal;
la viña redentora negó amor a mis copas;
Judith, la vida aleve, sesgó su cuerpo hostial.

Tal un festín pagano. Y amarla hasta en la muerte,
mientras las venas siembran rojas perlas de mal;
y así volverse al polvo, conquistador sin suerte,
dejando miles de ojos de sangre en el puñal.

LOS DADOS ETERNOS

*Para Manuel González Prada, esta
emoción bravía y selecta, una de
las que, con más entusiasmo, me
ha aplaudido el gran maestro.*

Dios mío, estoy llorando el ser que vivo;
me pesa haber tomádote tu pan;
pero este pobre barro pensativo
no es costra fermentada en tu costado:
tú no tienes Marías que se van!

Dios mío, si tú hubieras sido hombre,
hoy supieras ser Dios;
pero tú, que estuvistes siempre bien,
no sientes nada de tu creación.
Y el hombre sí te sufre: el Dios es él!

Hoy que en mis ojos brujos hay candelas,
como en un condenado,
Dios mío, prenderás todas tus velas,
y jugaremos con el viejo dado...
Tal vez ¡oh jugador! al dar la suerte
del universo todo,
surgirán las ojeras de la Muerte,
como dos ases fúnebres de lodo.

Dios mío, y esta noche sorda, oscura,
ya no podrás jugar, porque la Tierra
es un dado roído y ya redondo
a fuerza de rodar a la aventura,
que no puede parar sino en un hueco,
en el hueco de inmensa sepultura.

LOS ANILLOS FATIGADOS

Hay ganas de volver, de amar, de no ausentarse,
y hay ganas de morir, combatido por dos
aguas encontradas que jamás han de istmarse.

Hay ganas de un gran beso que amortaje a la Vida
que acaba en el áfrica de una agonía ardiente,
suicida!

Hay ganas de... no tener ganas, Señor;
a ti yo te señalo con el dedo deicida:
hay ganas de no haber tenido corazón.

La primavera vuelve y se irá. Y Dios,
curvado en tiempo, se repite, y pasa, pasa
a cuestas con la espina dorsal del Universo.

Cuando las sienes tocan su lúgubre tambor,
cuando me duele el sueño grabado en un puñal,
¡hay ganas de quedarse plantado en este verso!

SANTORAL

(Parágrafos)

Viejo Osiris! Llegué hasta la pared
de enfrente de la vida.

Y me parece que he tenido siempre
a la mano esta pared.

Soy la sombra, el reverso: todo va
bajo mis pasos de columna eterna.

Nada he traído por las trenzas; todo
fácil se vino a mí, como una herencia.

Sardanápalo. Tal, botón eléctrico
de máquinas de sueño fue mi boca.

Así he llegado a la pared de enfrente;
y siempre esta pared tuve a la mano.

Viejo Osiris! Perdónote! Que nada
alcanzó a requerirme, nada, nada...

LLUVIA

En Lima... En Lima está lloviendo
el agua sucia de un dolor
qué mortífero! Está lloviendo
de la gotera de tu amor.

No te hagas la que está durmiendo,
recuerda de tu trovador;
que yo ya comprendo... comprendo
la humana ecuación de tu amor.

Truena en la mística dulzaina
la gema tempestuosa y zaina,
la brujería de tu «sí».

Mas, cae, cae el aguacero
al ataúd, de mi sendero,
donde me ahueso para ti...

AMOR

Amor, ya no vuelves a mis ojos muertos;
y cuál mi idealista corazón te llora.
Mis cálices todos aguardan abiertos
tus hostias de otoño y vinos de aurora.

Amor, cruz divina, riega mis desiertos
con tu sangre de astros que sueña y que llora.
¡Amor, ya no vuelves a mis ojos muertos
que temen y ansían tu llanto de aurora!

Amor, no te quiero cuando estás distante
rifado en afeites de alegre bacante,
o en frágil y chata facción de mujer.

Amor, ven sin carne, de un ícor que asombre;
y que yo, a manera de Dios, sea el hombre
que ama y engendra sin sensual placer!

DIOS

Siento a Dios que camina
tan en mí, con la tarde y con el mar.
Con él nos vamos juntos. Anochece.
Con él anochecemos, Orfandad...

Pero yo siento a Dios. Y hasta parece
que él me dicta no sé qué buen color.
Como un hospitalario, es bueno y triste;
mustia un dulce desdén de enamorado:
debe dolerle mucho el corazón.

Oh, Dios mío, recién a ti me llego,
hoy que amo tanto en esta tarde; hoy
que en la falsa balanza de unos senos,
mido y lloro una frágil Creación.

Y tú, cuál llorarás... tú, enamorado
de tanto enorme seno girador...
Yo te consagro Dios, porque amas tanto;
porque jamás sonríes; porque siempre
debe dolerte mucho el corazón.

UNIDAD

En esta noche mi reloj jadea
junto a la sien oscurecida, como
manzana de revólver que voltea
bajo el gatillo sin hallar el plomo.

La luna blanca, inmóvil, lagrimea,
y es un ojo que apunta... Y siento cómo
se acuña el gran Misterio en una idea
hostil y ovóidea, en un bermejo plomo.

¡Ah, mano que limita, que amenaza
tras de todas las puertas, y que atienta
en todos los relojes, cede y pasa!

Sobre la araña gris de tu armazón,
otra gran Mano hecha de luz sustenta
un plomo en forma azul de corazón.

LOS ARRIEROS

Arriero, vas fabulosamente vidriado de sudor.
La hacienda Menocucho
cobra mil sinsabores diarios por la vida.
Las doce. Vamos a la cintura del día.
El sol que duele mucho.

Arriero, con tu poncho colorado te alejas,
saboreando el romance peruano de tu coca.
Y yo desde una hamaca,
desde un siglo de duda,
cavilo tu horizonte y atisbo, lamentado,
por zancudos y por el estribillo gentil
y enfermo de una «paca-paca».
Al fin tú llegarás donde debes llegar,
arriero, que, detrás de tu burro santurrón,
te vas...
te vas...

Feliz de ti, en este calor en que se encabritan
todas las ansias y todos los motivos;
cuando el espíritu que anima el cuerpo apenas,

va sin coca, y no atina a cabestrar
su bruto hacia los Andes
occidentales de la Eternidad.

CANCIONES DE HOGAR

ENCAJE DE FIEBRE

Por los cuadros de santos en el muro colgados
mis pupilas arrastran un ¡ay! de anochecer;
y en un temblor de fiebre, con los brazos cruzados,
mi ser recibe vaga visita del Noser.

Una mosca llorona en los muebles cansados
yo no sé qué leyenda fatal quiere verter:
una ilusión de Orientes que fugan asaltados;
un nido azul de alondras que mueren al nacer.

En un sillón antiguo sentado está mi padre.
Como una Dolorosa, entra y sale mi madre.
Y al verlos siento un algo que no quiere partir.

Porque antes de la oblea que es hostia hecha de Ciencia,
está la hostia, oblea hecha de Providencia.
Y la visita nace, me ayuda a bien vivir...

LOS PASOS LEJANOS

Mi padre duerme. Su semblante augusto
figura un apacible corazón;
está ahora tan dulce...
si hay algo en él de amargo, seré yo.

Hay soledad en el hogar; se reza;
y no hay noticias de los hijos hoy.
Mi padre se despierta, ausculta
la huida a Egipto, el restañante adiós.
Está ahora tan cerca;
si hay algo en él de lejos, seré yo.

Y mi madre pasea allá en los huertos,
saboreando un sabor ya sin sabor.
Está ahora tan suave,
tan ala, tan salida, tan amor.

Hay soledad en el hogar sin bulla,
sin noticias, sin verde, sin niñez.
Y si hay algo quebrado en esta tarde,
y que baja y que cruje,
son dos viejos caminos blancos, curvos.
Por ellos va mi corazón a pie.

A MI HERMANO MIGUEL

In memoriam

Hermano, hoy estoy en el poyo de la casa,
donde nos haces una falta sin fondo!
Me acuerdo que jugábamos esta hora, y que mamá
nos acariciaba: «Pero, hijos...»

Ahora yo me escondo,
como antes, todas estas oraciones
vespertinas, y espero que tú no des conmigo.
Por la sala, el zaguán, los corredores.
Después, te ocultas tú, y yo no doy contigo.
Me acuerdo que nos hacíamos llorar,
hermano, en aquel juego.

Miguel, tú te escondiste
una noche de agosto, al alborear;
pero, en vez de ocultarte riendo, estabas triste.
Y tu gemelo corazón de esas tardes
extintas se ha aburrido de no encontrarte. Y ya
cae sombra en el alma.

Oye, hermano, no tardes
en salir. Bueno? Puede inquietarse mamá.

ENEREIDA

Mi padre, apenas,
en la mañana pajarina, pone
sus setentiocho años, sus setentiocho
ramos de invierno a solear.
El cementerio de Santiago, untado
en alegre año nuevo, está a la vista.
Cuántas veces sus pasos cortaron hacia él,
y tornaron de algún entierro humilde.

Hoy hace mucho tiempo que mi padre no sale!
Una broma de niños se desbanda.

Otras veces le hablaba a mi madre
Otras veces le hablaba a mi padre
de impresiones urbanas, de política;
y hoy, apoyado en su bastón ilustre
que sonara mejor en los años de la Gobernación,
mi padre está desconocido, frágil,
mi padre es una víspera.
Lleva, trae, abstraído, reliquias, cosas,
recuerdos, sugerencias.
La mañana apacible le acompaña
con sus alas blancas de hermana de caridad.

Día eterno es éste, día ingenuo, infante,
coral, oracional;
se corona el tiempo de palomas,
y el futuro se puebla
de caravanas de inmortales rosas.
Padre, aún sigue todo despertando;
es enero que canta, es tu amor
que resonando va en la Eternidad.

Aún reirás de tus pequeñuelos,
y habrá bulla triunfal en los Vacíos.

Aún será año nuevo. Habrá empanadas;
y yo tendré hambre, cuando toque a misa
en el beato campanario
el buen ciego mélico con quien
departieron mis sílabas escolares y frescas,
mi inocencia rotunda.
Y cuando la mañana llena de gracia,
desde sus senos de tiempo
que son dos renuncias, dos avances de amor
que se tienden y ruegan infinito, eterna vida,
cante, y eche a volar Verbos plurales,
jirones de tu ser,
a la borda de sus alas blancas
de hermana de caridad ¡oh, padre mío!

ESPERGESIA

Yo nací un día
que Dios estuvo enfermo.

Todos saben que vivo,
que soy malo; y no saben
del diciembre de ese enero.
Pues yo nací un día
que Dios estuvo enfermo.

Hay un vacío
en mi aire metafísico
que nadie ha de palpar:
el claustro de un silencio
que habló a flor de fuego.
Yo nací un día
que Dios estuvo enfermo.

Hermano, escucha, escucha...
Bueno. Y que no me vaya
sin llevar diciembres,
sin dejar eneros.
Pues yo nací un día
que Dios estuvo enfermo.

Todos saben que vivo,
que mastico... Y no saben
por qué en mi verso chirrian,
oscuro sinsabor de féretro,
luyidos vientos
desenroscados de la Esfinge
preguntona del Desierto.

Todos saben... Y no saben
que la Luz es tísica,
y la Sombra gorda...
Y no saben que el Misterio sintetiza...
que él es la joroba
musical y triste que a distancia denuncia,
el paso meridiano de las lindes a las Lindes.

Yo nací un día
que Dios estuvo enfermo,
grave.

TRILCE
1922

I

Quién hace tanta bulla, y ni deja
testar las islas que van quedando.

Un poco más de consideración
en cuanto será tarde, temprano,
y se aquilatará mejor
el guano, la simple calabrina tesorea
que brinda sin querer,
en el insular corazón,
salobre alcatraz, a cada hialoidea
                    grupada.

Un poco más de consideración,
y el mantillo líquido, seis de la tarde
    DE LOS MÁS SOBERBIOS BEMOLES.

Y la península párase
por la espalda, abozaleada, impertérrita
en la línea mortal de equilibrio.

II

Tiempo Tiempo

Mediodía estancado entre relentes.
Bomba aburrida del cuartel achica
tiempo tiempo tiempo tiempo.

Era Era.

Gallos cancionan escarbando en vano.
Boca del claro día que conjuga
era era era era.

Mañana Mañana.

El reposo caliente aún de ser.
Piensa el presente guárdame para
mañana mañana mañana mañana.

Nombre Nombre.

¿Qué se llama cuanto heriza nos?
Se llama Lomismo que padece
nombre nombre nombre nombrE.

III

Las personas mayores
¿a qué hora volverán?
Da la seis el ciego Santiago,
y ya está muy oscuro.

Madre dijo que no demoraría.

Aguedita, Nativa, Miguel,
cuidado con ir por ahí, por donde
acaban de pasar gangueando sus memorias
dobladoras penas,
hacia el silencioso corral, y por donde
las gallinas que se están acostando todavía,
se han espantado tanto.
Mejor estemos aquí no más.
Madre dijo que no demoraría.

Ya no tengamos pena. Vamos viendo
los barcos ¡el mío es más bonito de todos!
con los cuales jugamos todo el santo día,
sin pelearnos, como debe ser:
han quedado en el pozo de agua, listos,
fletados de dulces para mañana.

Aguardemos así, obedientes y sin más
remedio, la vuelta, el desagravio
de los mayores siempre delanteros
dejándonos en casa a los pequeños,
como si también nosotros
                            no pudiésemos partir.

Aguedita, Nativa, Miguel?
Llamo, busco al tanteo en la oscuridad.
No me vayan a ver dejado solo,
y el único recluso sea yo.

IV

Rechinan dos carretas contra los martillos
hasta los lagrimales trifurcas,
cuando nunca las hicimos nada.
A aquella otra sí, desamada,
amargurada bajo túnel campero
por lo uno, y sobre duras áljidas
pruebas   espiritivas.

Tendíme en són de tercera parte,
más tarde —qué la bamos a hhazer—
se anilla en mi cabeza, furiosamente
a no querer dosificarse en madre. Son

                                         los anillos

Son los nupciales trópicos ya tascados.
El alejarse, mejor que todo,
rompe a Crisol.

Aquel no haber descolorado
por nada. Lado al lado al destino y llora
y llora. Toda la canción
cuadrada en tres silencios.

Calor. Ovario. Casi transparencia.
Háse llorado todo. Háse entero velado
en plena izquierda.

V

Grupo dicotiledón. Oberturan
desde él petreles, propensiones de trinidad
finales que comienzan, ohs de ayes
creyérase avaloriados de heterogeneidad.
¡Grupo de los dos cotiledones!

A ver. Aquello sea sin ser más.
A ver. No trascienda hacia afuera,
y piense en són de no ser escuchado,
y crome y no sea visto.
Y no glise en el gran colapso.

La creada voz rebélase y no quiere
ser malla, ni amor.
Los novios sean novios en eternidad.
Pues no deis 1, que resonará al infinito.
Y no deis 0, que callará tanto,
hasta despertar y poner de pie al 1.

Ah grupo bicardiaco.

VI

El traje que vestí mañana
no lo ha lavado mi lavandera;
lo lavaba en sus venas otilinas,
  en el chorro de su corazón, y hoy no he
de preguntarme si yo dejaba
el traje turbio de injusticia.

A hora que no hay quien vaya a las aguas,
en mis falsillas encañona
el lienzo para emplumar, y todas las cosas
del velador de tanto qué será de mí,
todas no están mías·
a mi lado.

                   Quedaron de su propiedad,
fratesadas, selladas con su trigueña bondad.

Y si supiera si ha de volver;
y si supiera qué mañan entrará
a entregarme las ropas lavadas, mi aquella
lavandera del alma. Qué mañana entrará
satisfecha, capulí de obrería, dichosa
de probar que sí sabe, que sí puede
                 ¡CÓMO NO VA A PODER!
Azular y planchar todos los caos.

VII

Rumbé sin novedad por la veteada calle
que yo me sé. Todo sin novedad,
de veras. Y frondeé hacia cosas así,
y fuí pasado.

Doblé la calle por la que raras
veces se pasa con bien, salida
heroica por la herida de aquella
esquina viva, nada a medias.

Son los grandores,
el grito aquel, la claridad de careo,
la barreta sumersa en su función de
                              ¡ya!

Cuando la calle está ojerosa de puertas,
y pregona desde descalzos atriles
trasmañanar las salvas en los dobles.

Ahora hormigas minuteras
se adentran dulzoradas, dormitadas, apenas
dispuestas, y se baldan,
quemadas pólvoras, altos de a   1921.

VIII

Mañana esotro día, alguna
vez hallaría para el hifalto poder,
entrada eternal.

Mañana algún día,
sería la tienda chapada
con un par de pericardios, pareja
de carnívoros en celo.

Bien puede afincar todo eso.
Pero un mañana sin mañana,
entre los aros de que enviudemos,
margen de espejo habrá
donde traspasaré mi propio frente
hasta perder el eco
y quedar con el frente hacia la espalda.

Vusco volvvver de golpe el golpe.
Sus dos hojas anchas, su válvula
que se abre en suculenta recepción
de multiplicando a multiplicador,
su condición excelente para el placer,
todo avía verdad.

Busco volvver de golpe el golpe.
A su halago, enveto bolivarianas fragosidades
a treintidós cables y sus múltiples
se arrequintan pelo por pelo
soberanos belfos, los dos tomos de la Obra,
y no vivo entonces ausencia,
                              ni al tacto.

Fallo bolver de golpe el golpe.
No ensillaremos jamás el toroso Vaveo
de egoísmo y de aquel ludir mortal
de sábana,
desque la mujer esta
        ¡cuánto pesa de general!

Y hembra es el alma de la ausente.
Y hembra es el alma mía.

X

Prístina y última piedra de infundada
ventura, acaba de morir
con alma y todo, octubre habitación y encinta.
De tres meses de ausente y diez de dulce.
Cómo el destino,
mitrado monodáctilo, ríe.

Cómo detrás desahucian juntas
de contrarios. Cómo siempre asoma el guarismo
bajo la línea de todo avatar.

Cómo escotan las ballenas a palomas.
Cómo a su vez éstas dejan el pico
cubicado en tercera ala.
Cómo arzonamos, cara a monótonas ancas.

Se remolca diez meses hacia la decena,
hacia otro más allá.
Dos quedan por lo menos todavía en pañales.
Y los tres meses de ausencia.
Y los nueve de gestación.

No hay ni una violencia.
El paciente incorpórase,
y sentado empavona tranquilas misturas.

He encontrado a una niña
en la calle, y me ha abrazado.
Equis, disertada, quien la halló y la hallé,
no la va a recordar.

Esta niña es mi prima. Hoy, al tocarle
el talle, mis manos han entrado en su edad
como en par de mal rebocados sepulcros.
Y por la misma desolación marchóse,
        delta al sol tenebroso,
        trina entre los dos.

        «Me he casado»,
me dice. Cuando lo que hicimos de niños
en casa de la tía difunta.
        Se ha casado.
        Se ha casado.

Tardes años latitudinales,
qué verdaderas ganas nos ha dado
de jugar a los toros, a las yuntas,
pero todo de engaños, de candor, como fue.

XII

Escapo de una finta, peluza a peluza.
Un proyectil que no sé dónde irá a caer.
Incertidumbre. Tramonto. Cervical coyuntura.

Chasquido de moscón que muere
a mitad de su vuelo y cae a tierra.
¿Qué dice ahora Newton?
Pero, naturalmente, vosotros sois hijos.

Incertidumbre. Talones que no giran.
Carilla en nudo, fabrida
cinco espinas por un lado
y cinco por el otro: Chit! Ya sale.

XIII

Pienso en tu sexo.
Simplificado el corazón, pienso en tu sexo
ante el hijar maduro del día.
Palpo el botón de dicha, está en sazón.
Y muere un sentimiento antiguo
degenerado en seso.

Pienso en tu sexo, surco más prolífico
y armonioso que el vientre de la Sombra,
aunque la Muerte concibe y pare
de Dios mismo.

Oh Conciencia,
pienso, sí, en el bruto libre
que goza donde quiere, donde puede.

Oh, escándalo de miel de los crepúsculos.
Oh estruendo mudo.

¡Odumodneurtse!

XIV

Cual mi explicación.
Esto me lacera de tempranía.

Esa manera de caminar por los trapecios.

Esos corajosos brutos como postizos

Esa goma que pega el azogue al adentro.

Esas posaderas sentadas para arriba.

Ese no puede ser, sido.

Absurdo.

Demencia.

Pero he venido de Trujillo a Lima.

Pero gano un sueldo de cinco soles.

En el rincón aquel, donde dormimos juntos
tantas noches, ahora me he sentado
a caminar. La cuja de los novios difuntos
fue sacada, o tal vez qué habrá pasado.

Has venido temprano a otros asuntos
y ya no estás. Es el rincón
donde a tu lado, leí una noche,
entre tus tiernos puntos,
un cuento de Daudet. Es el rincón
amado. No lo equivoques.

Me he puesto a recordar los días
de verano idos, tu entrar y salir,
poca y harta pálida por los cuartos.

En esta noche pluviosa,
ya lejos de ambos dos, salto de pronto...
Son dos puertas abriéndose cerrándose,
dos puertas que al viento van y vienen
sombra   a   sombra.

Tengo fe en ser fuerte.
Dáme, aire manco, dáme ir
galoneándome de ceros a la izquierda.
Y tú, sueño, dáme tu diamante implacable,
tu tiempo de deshora.

Tengo fe en ser fuerte.
Por allí avanza cóncava mujer,
cantidad incolora, cuya
gracia se cierra donde me abro.

Al aire, fray pasado. Cangrejos, zote!
Avíspate la verde bandera presidencial,
arriando las seis banderas restantes,
todas las colgaduras de la vuelta.

Tengo fe en que soy,
y en que he sido menos.

Ea! Buen primero!

XVII

Destílase este 2 en una sola tanda,
y entrambos lo apuramos.
Nadie me hubo oído, Estría urente
abracadabra civil.

La mañana no palpa cual la primera
cual la última piedra ovulandas
a fuerza de secreto. La mañana descalza.
El barro a medias
entre sustancias gris, más y menos.

Caras no saben de la cara, ni de la
marcha a los encuentros.
Y sin hacia cabecee el exergo.
Yerra la punta del afán.

Junio, eres nuestro. Junio, y en tus hombros
me paro a carcajear, secando
mi metro y mis bolsillos
en tus 21 uñas de estación.

Buena! Buena!

XVIII

Oh las cuatro paredes de la celda.
Ah las cuatro paredes albicantes
que sin remedio dan al mismo número.

Criadero de nervios, mala brecha,
por sus cuatro rincones cómo arranca
las diarias aherrojadas extremidades.

Amorosa llavera de innumerables llaves,
si estuvieras aquí, si vieras hasta
qué hora son cuatro estas paredes.
Contra ella seríamos contigo, los dos,
más dos que nunca. Y ni lloraras,
di, libertadora!

Ah las paredes de la celda.
De ellas me duele entretanto más
las dos largas que tienen esta noche
algo de madres que ya muertas
llevan por bromurados declives,
a un niño de la mano cada una.

Y sólo yo me voy quedando,
con la diestra, que hace por ambas manos,
en alto, en busca de terciario brazo
que ha de pupilar, entre mi donde y mi cuando,
esta mayoría inválida de hombre.

XIX

A trastear, Hélpide dulce, escampas,
cómo quedamos de tan quedarnos.

Hoy vienes apenas me he levantado.
El establo está divinamente meado
y excrementido por la vaca inocente
y el inocente asno y el gallo inocente.

Penetra en la maría ecuménica.
Oh sangabriel, haz que conciba el alma,
el sin luz amor, el sin cielo,
lo más piedra, lo más nada,
                              hasta la ilusión monarca.

Quemaremos todas las naves!
Quemaremos la última esencia!

Mas si se ha de sufrir de mito a mito,
y a hablarme llegas masticando hielo,
mastiquemos brasas,
ya no hay donde bajar,
ya no hay donde subir.

Se ha puesto el gallo incierto, hombre.

XX

Al ras de batiente nata blindada
de piedra ideal. Pues apenas
acerco el 1 a 1 para no caer.

Ese hombre mostachoso. Sol,
herrada su única rueda, quinta y perfecta,
y desde ella para arriba.
Bulla de botones de bragueta,
                    libres,
bulla que reprende A vertical subordinada.
El desagüe jurídico. La chirota grata.

Mas sufro. Allende sufro. Aquende sufro.

Y he aquí se me cae la baba, soy
una bella persona, cuando
el hombre guillermosecundario
puja y suda felicidad
a chorros, al dar lustre al calzado
de su pequeña de tres años.
Engállase el barbado y frota un lado.
La niña en tanto pónese el índice
en la lengua que empieza a deletrear
los enredos de enredos de los enredos,
y unta el otro zapato, a escondidas,
con un poquito de saliba y tierra,
                    pero con un poquito,
                              no má
                                  .s.

XXI

En un auto arteriado de círculos viciosos,
torna diciembre qué cambiado,
con su oro en desgracia. Quién le viera:
diciembre con sus 31 pieles rotas,
          el pobre diablo.

Yo le recuerdo. Hubimos de esplendor,
bocas ensortijadas de mal engreimiento,
todas arrastrando recelos infinitos.
Cómo no voy a recordarle
al magro señor Doce.

Yo le recuerdo. Y hoy diciembre torna
qué cambiado, el aliento a infortunio,
helado, moqueando humillación.

Y a la ternurosa avestruz
como que la ha querido, como que la ha adorado.
Por ella se ha calzado todas sus diferencias.

XXII

Es posible me persigan hasta cuatro
magistrados vuelto. Es posible me juzgues pedro.
¡Cuatro humanidades justas juntas!
Don Juan Jacobo está en hacerio,
y las burlas le tiran de su soledad,
como a un tonto. Bien hecho.

Farol rotoso, el día induce a darle algo,
y pende
a modo de asterisco que se mendiga
a sí propio quizás qué enmendaturas.

Ahora que chirapa tan bonito
en esta paz de una sola línea,
aquí me tienes,
aquí me tienes, de quien yo penda,
para que sacies mis esquinas.

Y si, éstas colmadas,
te derramases de mayor bondad,
sacaré de donde no haya,
forjaré de locura otros posillos,
insaciables ganas
de nivel y amor.

Si pues siempre salimos al encuentro
de cuanto entra por otro lado,
ahora, chirapado eterno y todo,
heme, de quien yo penda,
estoy de filo todavía. Heme!

Tahona estuosa de aquellos mis bizcochos
pura yema infantil innumerable, madre.

Oh tus cuatro gorgas, asombrosamente
mal plañidas, madre: tus mendigos.
Las dos hermanas últimas, Miguel que ha muerto
y yo arrastrando todavía
una trenza por cada letra del abecedario.

En la sala de arriba nos repartías
de mañana, de tarde de dual estiba,
aquellas ricas hostias de tiempo, para
que ahora nos sobrasen
cáscaras de relojes en flexión de las 24
en punto parados.

Madre, y ahora! Ahora, en cuál alvéolo
quedaría, en qué retoño capilar,
cierta migaja que hoy se me ata al cuello
y no quiere pasar. Hoy que hasta
tus puros huesos estarán harina
que no habrá en qué amasar
¡tierna dulcera de amor,
hasta en la cruda sombra, hasta en el gran molar
cuya encía late en aquel lácteo hoyuelo
que inadvertido lábrase y pulula ¡ tú lo viste tanto!
en las cerradas manos recién nacidas.

Tal la tierra oirá en tu silenciar,
como nos van cobrando todos
el alquiler del mundo donde nos dejas
y el valor de aquel pan inacabable.

Y nos lo cobran, cuando, siendo nosotros
pequeños entonces, como tú verías,
no se lo podíamos haber arrebatado
a nadie; cuando tú nos lo diste,
¿di, mamá?

XXIV

Al borde de un sepulcro florecido
transcurren dos marías llorando,
llorando a mares.

El ñandú desplumado del recuerdo
alarga su postrera pluma,
y con ella la mano negativa de Pedro
graba en un domingo de ramos
resonancias de exequias y de piedras.

Del borde de un sepulcro removido
se alejan dos marías cantando.

Lunes.

Alfan alfiles a adherirse
a las junturas, al fondo, a los testuces,
al sobrelecho de los numeradores a piel.
Alfileres y caudillos de lupinas parvas.

Al rebufar el socaire de cada caravela
deshilada sin americanizar,
ceden las estevas en espasmos de infortunio,
con pulso párvulo mal habituado
a sonarse en el dorso de la muñeca.
Y la más aguda tiplisonancia
se tonsura y apeálase, y largamente
se ennazala hacia carámbanos
de lástima infinita.

Soberbios lomos resoplan
al portar, pendientes de mustios petrales
las escarapelas con sus siete colores
bajo cero, desde las islas guaneras
hasta las islas guaneras.
Tal los escarzos a la intemperie de pobre
fe.
Tal el tiempo de las rondas. Tal el del rodeo
para los planos futuros,
cuando inánima grifalda relata sólo
fallidas callandas cruzadas.

Vienen entonces alfiles a adherirse
hasta en las puertas falsas y en los borradores.

El verano echa nudo a tres años
que, encintados de cárdenas cintas, a todo
                sollozo,
aurigan orinientos índices
de moribundas alejandrías
de cuzcos moribundos.

Nudo alvino deshecho, una pierna por allí,
más allá todavía la otra,
          desgajadas,
          péndulas.

Deshecho nudo de lácteas glándulas
de la sinamayera,
bueno para alpacas brillantes,
para abrigo de pluma inservible
¡más piernas los brazos que brazos!

Así envérase el fin, como todo,
como polluelo adormido saltón
de la hendida cáscara,
a luz eternamente polla.
Y así, desde el óvalo, con cuatros al hombro,
          ya para quétristura.

Las uñas aquellas dolían
retesando los propios dedos hospicios.
De entonces crecen ellas para adentro,
          mueren para afuera,
          y al medio ni van ni vienen,
          ni van ni vienen.

Las uñas. Apeona ardiente avestruz coja,
desde perdidos sures,
flecha hasta el estrecho ciego
            de senos aunados.

Al calor de una punta
de pobre sesgo esforzado,
la griega sota de oros tórnase
morena sota de islas,
cobriza sota de lagos
en frente a moribunda alejandría,
a cuzco moribundo.

XXVII

Me da miedo ese chorro,
buen recuerdo, señor fuerte, implacable
cruel dulzor. Me da miedo.
Esta casa me da entero bien, entero
lugar para este no saber dónde estar.

No entremos. Me da miedo este favor
de tornar por minutos, por puentes volados.
Yo no avanzo, señor dulce,
recuerdo valeroso, triste
esqueleto cantor.

Qué contenido, el de esta casa encantada,
me da muertes de azogue, y obtura
con plomo mis tomas
a la seca actualidad.

El chorro que no sabe a cómo vamos,
dame miedo, pavor.
Recuerdo valeroso, yo no avanzo.
Rubio y triste esqueleto, silba, silba.

XXVIII

He almorzado solo ahora, y no he tenido
madre, ni súplica, ni sírvete, ni agua,
ni padre que, en el facundo ofertorio
de los choclos, pregunte para su tardanza
de imagen, por los broches mayores del sonido.

Cómo iba yo a almorzar. Cómo me iba a servir
de tales platos distantes esas cosas,
cuando habráse quebrado el propio hogar,
cuando no asoma madre a los labios.
Cómo iba yo a almorzar nonada.

A la mesa de un buen amigo he almorzado
con su padre recién llegado del mundo
con sus canas tías que hablan
en tordillo retinte de porcelana,
bisbiseando por todos sus viudos alvéolos;
y con cubiertos francos de alegres tiroriros
porque estánse en su casa. Así qué gracia!

Y me han dolido los cuchillos
de esta mesa en todo el paladar.

El yantar de estas mesas así, en que se prueba
amor ajeno en vez del propio amor,
torna tierra el bocado que no brinda la

                                          MADRE,

hace golpe la dura deglusión; el dulce,
hiel; aceite funéreo, el café.

Cuando ya se ha quebrado el propio hogar,
y el sírvete materno no sale de la
tumba,
la cocina a oscuras, la miseria de amor.

XXIX

Zumba el tedio enfrascado
bajo el momento improducido y caña.

Pasa una paralela a
ingrata línea quebrada de felicidad.
Me extraña cada firmeza, junto a esa agua
que se aleja, que ríe acero, caña.

Hilo retemplado, hilo, hilo binómico,
¿por dónde romperás, nudo de guerra?

Acoraza este ecuador. Luna.

XXX

Quemadura del segundo
en toda la tierra carnecilla del deseo,
picadura de ají vagoroso
a las dos de la tarde inmoral.

Guante de los bordes borde a borde.
Olorosa verdad tocada en vivo, al conectar
la antena del sexo
con lo que estamos siendo sin saberlo.

Lavaza de máxima ablución.
Calderas viajeras
que se chocan y salpican de fresca sombra
unánime, el color, la fracción, la dura vida,
          la dura vida eterna.
No temamos. La muerte es así.

El sexo sangre de la amada que se queja
dulzorada, de portar tanto
por tan punto ridículo.
Y el circuito
entre nuestro pobre día y la noche grande,
a las dos de la tarde inmoral.

XXXI

Esperanza plañe entre algodones.

Aristas roncas uniformadas
de amenazas tejidas de esporas magníficas
y con porteros botones innatos.
¿Se luden seis de sol?
Natividad. Cállate, miedo.

Cristiano espero, espero siempre
de hinojos en la piedra circular que está
en las cien esquinas de esta suerte
tan vaga a donde asomo.

Y Dios sobresaltado, nos oprime
el pulso, grave, mudo,
y como padre a su pequeña,
        apenas,
pero apenas, entreabre los sangrientos algodones
y entre sus dedos toma a la esperanza.

Señor, lo quiero yo...
Y basta!

XXXII

999 calorías.
Rumbbb... Trraprrrr rrach... chaz
Serpentínica u del biscochero
engirafada al tímpano.

Quién como los hielos. Pero no.
Quién como lo que va ni más ni menos.
Quién como el justo medio.

1.000 calorías
Azulea y ríe su gran cachaza
el firmamento gringo. Baja
el sol empavado y le alborota los cascos
al más frío.

Remeda al cuco: Roooooooeeeeis...
tierno autocarril, móvil de sed,
que corre hasta la playa.

Aire, aire! Hielo!
Si al menos el calor (...........................Mejor
no digo nada.

Y hasta la misma pluma
con que escribo por último se troncha.

Treinta y tres trillones trescientos treinta
y tres calorías.

XXXIII

Si lloviera esta noche, retiraríame
de aquí a mil años.
Mejor a cien no más.
Como si nada hubiese ocurrido, haría
la cuenta de que vengo todavía.

O sin madre, sin amada, sin porfía
de agacharme a aguaitar al fondo, a puro
pulso,
esta noche así, estaría escarmenando
la fibra védica,
la lana védica de mi fin final, hilo
del diantre, traza de haber tenido
por las narices
a dos badajos inacordes de tiempo
                    en una misma campana.

Haga la cuenta de mi vida
o haga la cuenta de no haber aún nacido,
no alcanzaré a librarme.

No será lo que aún no haya venido, sino
lo que ha llegado y ya se ha ido,
sino lo que ha llegado y ya se ha ido.

XXXIV

Se acabó el extraño, con quien, tarde
la noche, regresabas parla y parla.
Ya no habrá quien me aguarde,
dispuesto mi lugar, bueno lo malo.

Se cabó la calurosa tarde;
tu gran bahía y tu clamor; la charla
con tu madre acabada
que nos brindaba un té lleno de tarde.

Se acabó todo al fin: las vacaciones,
tu obediencia de pechos, tu manera
de pedirme que no me vaya fuera.

Y se acabó el diminutivo, para
mi mayoría en el dolor sin fin
y nuestro haber nacido así sin causa.

XXXV

El encuentro con la amada
tanto alguna vez, es un simple detalle,
casi un programa hípico en violado,
que de tan largo no se puede doblar bien.

El almuerzo con ella que estaría
poniendo el plato que nos gustara ayer
y se repite ahora,
pero con algo más de mostaza;
el tenedor absorto, su doneo radiante
de pistilo en mayo, y su verecundia
de a centavito, por quítame allá esa paja.
Y la cerveza lírica y nerviosa
a la que celan sus dos pezones sin lúpulo,
y que no se debe tomar mucho!

Y los demás encantos de la mesa
que aquella núbil campaña borda
con sus propias baterías germinales
que han operado toda la mañana,
según me consta, a mí,
amoroso notario de sus intimidades,
y con las diez varillas mágicas
de sus dedos pancreáticos.

Mujer que, sin pensar en nada más allá,
suelta el mirlo y se pone a conversarnos
sus palabras tiernas
como lancinantes lechugas recién cortadas.

Otro vaso y me voy. Y nos marchamos,
ahora sí, a trabajar.

Entre tanto, ella se interna
entre los cortinajes y ¡oh aguja de mis días
desgarrados! se sienta a la orilla
de una costura, a coserme el costado
a su costado,
a pegar el botón de esa camisa,
que se ha vuelto a caer. Pero hase visto!

XXXVI

Pugnamos ensartarnos por un ojo de aguja,
enfrentados, a las ganadas.
Amoniácase casi el cuarto ángulo del círculo.
¡Hembra se continúa el macho, a raíz
de probables senos, y precisamente
a raíz de cuanto no florece!

¿Por ahí estás, Venus de Milo?
Tú manqueas apenas pululando
entrañada en los brazos plenarios
de la existencia,

de esta existencia que todaviiza
perenne imperfección.
Venus de Milo, cuyo cercenado, increado
brazo revuélvese y trata de encodarse
a través de verdeantes guijarros gagos,
ortivos nautilos, aunes que gatean
recién, vísperas inmortales.
Laceadora de inminencias, laceadora
del paréntesis.

Rehusad, y vosotros, a posar las plantas
en la seguridad dupla de la Armonía.
Rehusad la simetría a buen seguro.
Intervenid en el conflicto
de puntas que se disputan
en la más torionda de las justas
el salto por el ojo de la aguja.

Tal siento ahora al meñique
demás en la siniestra. Lo veo y creo
no debe· serme, o por lo menos que está
en sitio donde no debe.

Y me inspira rabia y me azarea
y no hay cómo salir de él, sino haciendo
la cuenta de que hoy es jueves.

¡Ceded al nuevo impar
                    potente de orfandad!

XXXVII

He conocido a una pobre muchacha
a quien conduje hasta la escena.
La madre, sus hermanas qué amables y también
aquel su infortunado «tú no vas a volver».

Como en cierto negocio me iba admirablemente
me rodeaban de un aire de dinasta florido.
La novia se volvía agua,
y cuán bien me solía llorar
su amor mal aprendido.

Me gustaba su tímida marinera
de humildes aderezos al dar las vueltas,
y cómo su pañuelo trazaba puntos,
tildes, a la melografía de su bailar de juncia.

Y cuando ambos burlamos al párroco,
quebróse mi negocio y el suyo
y la esfera barrida.

XXXVIII

Este cristal aguarda ser sorbido
en bruto por boca venidera
sin dientes. No desdentada.
Este cristal es pan no venido todavía.

Hiere cuando lo fuerzan
y ya no tiene cariños animales.
Mas si se le apasiona, se melaría
y tomaría la horma de los sustantivos
que se adjetivan de brindarse.

Quienes lo ven allí triste individuo
incoloro, lo enviarían por amor,
por pasado y a lo más por futuro:
si él no dase por ninguno de sus costados;
si él espera ser sorbido de golpe
y en cuanto transparencia, por boca venidera que ya no tendrá dientes.

Este cristal ha pasado de animal,
y márchase ahora a formar las izquierdas,
los nuevos Menos.
Déjenlo solo no más.

XXXIX

Quién ha encendido fósforo!
Mésome. Sonrío
a columpio por motivo.
Sonrío aún más, si llegan todos
a ver las guías sin color
y a mí siempre en un punto. Qué me importa.

Ni ese bueno del Sol que, al morirse de gusto,
lo desposta todo para distribuirlo,
entre las sombras, el pródigo,
ni él me esperaría a la otra banda.
Ni los demás que paran solo
entrando y saliendo.

Llama con toque de retina
el gran panadero. Y pagamos en señas
curiosísimas el tibio valor innegable
horneado, trascendiente.
Y tomamos, el café ya tarde,
con deficiente azúcar que ha faltado,
y pan sin mantequilla. Qué se va hacer.

Pero, eso sí, los aros receñidos, barreados.
La salud va en un pie. De frente: marchen!

Quién nos hubiera dicho que en domingo
así, sobre arácnidas cuestas
se encabritaría la sombra de puro frontal.
(Un molusco ataca yermos ojos encallados,
a razón de dos o más posibilidades tantálicas
contra medio estertor de sangre remordida.)

Entonces, ni el propio revés de la pantalla
deshabitada enjugaría las arterias
trasdoseadas de dobles todavías.
Como si nos hubiesen dejado salir! Como
si no estuviésemos embrazados siempre
a los dos flancos diarios de la fatalidad!

Y cuánto nos habríamos ofendido.
Y aun lo que nos habríamos enojado y peleado
y amistado otra vez
y otra vez.

Quién hubiera pensado en tal domingo,
cuando, a rastras, seis codos lamen
de esta manera, hueras yemas lunesentes.

Habríamos sacado contra él, de bajo
de las dos alas del Amor,
lustrales plumas terceras, puñales,
nuevos pasajes de papel de oriente.
Para hoy que probamos si aún vivimos,
casi un frente no más.

La Muerte de rodillas mana
su sangre blanca que no es sangre.
Se huele a garantía.
Pero ya me quiero reír.

Murmúrase algo por allí. Callan.
Alguien silba valor de lado,
y hasta se contaría en par
veintitrés costillas que se echan de menos
entre sí, a ambos costados; se contaría
en par también, toda la fila
de trapecios escoltas.

En tanto el redoblante policial
(Otra vez me quiero reír)
se desquita y nos funde a palos,
dále y dále,
de membrana a membrana
tas
con
tas.

Esperáos. Ya os voy a narrar
todo. Esperáos sossiegue
este dolor de cabeza. Esperáos.
¿Dónde os habéis dejado vosotros
que no hacéis falta jamás?

Nadie hace falta! Muy bien.

Rosa, entra del último piso.
Estoy niño. Y otra vez rosa:
ni sabes a dónde voy.

¿Aspa la estrella de la muerte?
O son extrañas máquinas cosedoras
dentro del costado izquierdo.
Esperáos otro momento.

No nos ha visto nadie. Pura
búscate el talle.
¡A dónde se han saltado tus ojos!

Penetra reencarnada en los salones
de ponentino cristal. Suena
música exacta casi lástima.

Me siento mejor. Sin fiebre, y ferviente.
Primavera. Perú. Abro los ojos.
Ave! No salgas. Dios, como si sospechase
algún flujo sin reflujo hay.

Paletada facial, resbala el telón
cabe las conchas.

Acrisis. Tilia, acuéstate.

XLIII

Quién sabe se va a ti. No lo ocultes.
Quién sabe madrugada.

Acaríciale. No le digas nada. Está
duro de lo que se ahuyenta.
Acaríciale. Anda! Cómo le tendrías pena.

Narra que no es posible
todos digan que bueno
cuando ves que se vuelve y revuelve,
animal que ha aprendido a irse... No?
Sí! Acaríciale. No le arguyas.

Quién sabe se va a ti madrugada.
¿Has contado qué poros dan salida solamente,
y cuáles dan entrada?
Acaríciale. Anda! Pero no vaya a saber
que lo haces porque yo te lo ruego.
Anda!

XLIV

Este piano viaja para adentro,
viaja a saltos alegres.
Luego medita en ferrado reposo,
clavado con diez horizontes.

Adelanta. Arrástrase bajo túneles,
más allá, bajo túneles de dolor,
bajo vértebras que fugan naturalmente.

Otras veces van sus trompas,
lentas ansias amarillas de vivir,
van de eclipse,
y se espulgan pesadillas nisectiles
ya muertas para el trueno, heraldo de los génesis.

Piano oscuro ¿a quién atisbas
con tu sordera que me oye,
con tu madurez que me asorda?

Oh pulso misterioso.

XLV

Me desvinculo del mar
cuando vienen las aguas a mí.

Salgamos siempre. Saboreemos
la canción estupenda, la canción dicha
por los labios inferiores del deseo.
Oh prodigiosa doncellez.
Pasa la brisa sin sal.

A lo lejos husmeo los tuétanos
oyendo el tanteo profundo, a la caza
de teclas de resaca.

Y si así diéramos las narices
en el absurdo,
nos cubriremos con el oro de no tener nada,
y empollaremos el ala aún no nacida
de la noche, hermana
de esta ala huérfana del día,
que a fuerza de ser una ya no es ala.

XLVI

La tarde cocinera se detiene
ante la mesa donde tú comiste;
y muerta de hambre tu memoria viene
sin probar ni agua, de lo puro triste.

Mas como siempre, tu humildad se aviene
a que le brinden la bondad más triste.
Y no quieres gustar, que ves quien viene
filialmente a la mesa en que comiste.

La tarde cocinera te suplica
y te llora en su delantal que aún sórdido
nos empieza a querer de oírnos tanto.

Yo hago esfuerzos también; porque no hay
valor para servirse de estas aves.
Ah! qué nos vamos a servir ya nada.

XLVII

Ciliado arrecife donde nací,
según refieren cronicones y pliegos
de labios familiares historiados
en segunda gracia.

Ciliado archipiélago, te desislas a fondo,
                    a fondo archipiélago mío!
Duras todavía tus articulaciones
al camino, como cuando nos instan,
y nosotros no cedemos por nada.

Al ver los párpados cerrados,
implumes mayorcitos, devorando azules bombones,
se carcajean pericotes viejos.
Los párpados cerrados, como si, cuando, nacemos
siempre, no fuese tiempo todavía.

Se va el altar, el cirio para
que no le pasase nada a mi madre,
y por mí que sería con los años, si Dios
quería, Obispo, Papa, Santo, o tal vez
sólo un columnario dolor de cabeza.

Y las manitas que se abarquillan
asiéndose de algo flotante,
a no querer quedarse.
Y siendo ya la 1.

XLVIII

Tengo ahora 70 soles peruanos.
Cojo la penúltima moneda, la que suena 69 veces púnicas.
Y he aquí, al finalizar su rol,
quémase toda y arde llameante,
        llameante,
redonda entre mis tímpanos alucinados.

Ella, siendo 69, dase contra 70;
luego escala 71 rebota en 72.
Y así se multiplica y espejea impertérrita
en todos los demás piñones.

Ella, vibrando y forcejeando,
pegando grittttos,
soltando árduos, chisporroteantes silencios,
orinándose de natural grandor,
en unánimes postes surgentes,
acaba por ser todos los guarismos,
        la vida entera.

XLIX

Murmurando de inquietud, cruzo,
el traje largo de sentir, los lunes
      de la verdad.
Nadie me busca ni me reconoce,
y hasta yo he olvidado
      de quién seré.

Cierta guardarropía, sólo ella, nos sabrá
a todos en las blancas hojas
      de las partidas.
Esa guardarropía, ella sola,
al volver de cada facción,
    de cada candelabro
    ciego de nacimiento.

Tampoco yo descubro a nadie, bajo
este mantillo que iridice los lunes
      de la razón;
y no hago más que sonreír a cada púa
de las verjas, en la loca búsqueda
      del conocido.

Buena guardarropía, ábreme
      tus blancas hojas;
quiero reconocer siquiera al 1,
quiero el punto de apoyo, quiero
      saber de estar siquiera.

En los bastidores donde nos vestimos,
no hay, no Hay nadie: hojas tan sólo
de par en par.
Y siempre los trajes descolgándose
por sí propios, de perchas
como ductores índices grotescos,
y partiendo sin cuerpos, vacantes,
hasta el matiz prudente
de un gran caldo de alas con causas
y lindes fritas.
Y hasta el hueso!

L

El cancerbero cuatro veces
al día maneja su candado, abriéndonos
cerrándonos los esternones, en guiños
que entendemos perfectamente.

Con los fundillos lelos melancólicos,
amuchachado de trascendental desaliño,
parado, es adorable el pobre viejo.
Chancea con los presos, hasta el tope
los puños en las ingles. Y hasta la mojarrilla
les roe algún mendrugo; pero siempre
cumpliendo su deber.

Por entre los barrotes pone el punto
fiscal, inadvertido, izándose en la falangita
del meñique,
a la pista de lo que hablo,
lo que como,
lo que sueño.

Quiere el corvino ya no hayan adentros,
y cómo nos duele esto que quiere el cancerbero.

Por un sistema de relojería, juega
el viejo inminente, pitagórico!
a lo ancho de las aortas. Y sólo
de tarde en noche, con noche
soslaya alguna su excepción de metal.
Pero, naturalmente,
siempre cumpliendo su deber.

LI

Mentira. Si lo hacía de engaños,
y nada más. Ya está. De otro modo,
también tú vas a ver
cuánto va a dolerme el haber sido así.

Mentira. Calla.
Ya está bien.
Como otras veces tú me haces esto mismo,
por eso yo también he sido así.

A mí, que había tanto atisbado si de veras
llorabas,
ya que otras veces sólo te quedaste
en tus dulces pucheros,
a mí, que ni soñé que los creyeses,
me ganaron tus lágrimas.
Ya está.

Mas ya lo sabes: todo fue mentira.
Y si sigues llorando, bueno pues!
Otra vez ni he de verte cuando juegues.

LII

Y nos levantaremos cuando se nos dé
la gana, aunque mamá toda claror
nos despierte con cantora
y linda cólera materna.
Nosotros reiremos a hurtadillas de esto,
mordiendo el canto de las tibias colchas
de vicuña ¡y no me vayas a hacer cosas!

Los humos de los bohios ¡ah golfillos
en rama! madrugarían a jugar
a las cometas azulinas, azulantes,
y, apañuscando alfarjes y piedras, nos darían
su estímulo fragante de boñiga,
                              para sacarnos
al aire nene que no conoce aún las letras,
a pelearles los hilos.
Otro día querrás pastorear
entre tus huecos onfalóideos
        ávidas cavernas,
        meses nonos,
        mis telones.

O querrás acompañar a la ancianía
a destapar la toma de un crepúsculo,
para que de día surja
toda el agua que pasa de noche.

Y llegas muriéndote de risa,
y en el almuerzo musical,
cancha reventada, harina con manteca,
con manteca,
le tomas el pelo al peón decúbito
que hoy otra vez olvida dar los buenos días,
esos sus días, buenos con b de baldío,
que insisten en salirle al pobre
por la culata de la v
dentilabial que vela en él.

LIII

Quién clama las once no son doce!
Como si las hubiesen pujado, se afrontan
de dos en dos las once veces.

Cabezazo brutal. Asoman
las coronas a oír,
pero sin traspasar los eternos
trescientos sesenta grados, asoman
y exploran en balde, dónde ambas manos
ocultan el otro puente que les nace
entre veras y litúrgicas bromas.

Vuelve la frontera a probar
las dos piedras que no alcanzan a ocupar
una misma posada a un mismo tiempo.
La frontera, la ambulante batuta, que sigue
inmutable, igual, sólo
más ella a cada esguince en alto.

Veis lo que es sin poder ser negado,
veis lo que tenemos que aguantar,
mal que nos pese.
¡Cuánto se aceita en codos
que llegan hasta la boca!

LIV

Foragido tormento, entra, sal
por un mismo forado cuadrangular.
Duda. El balance punza y punza
hasta las cachas.

A veces doyme contra todas las contras,
y por ratos soy el alto más negro de los ápices
en la fatalidad de la Armonía.
Entonces las ojeras se irritan divinamente,
y solloza la sierra del alma,
se violentan oxígenos de buena voluntad,
arde cuando no arde y hasta
el dolor doble el pico en risa.

Pero un día no podrás entrar
ni salir, con el puñado de tierra
que te echaré a los ojos foragido!

LV

Samain diría el aire es quieto y de una contenida tristeza.

Vallejo dice hoy la Muerte está soldando cada lindero a cada hebra de cabello perdido, desde la cubeta de un frontal, donde hay algas, toronjiles que cantan divinos almácigos en guardia, y versos antisépticos sin dueño.

El miércoles, con uñas destronadas se abre las propias uñas de alcanfor, e instila por polvorientos harneros, ecos, páginas vueltas, zarros,
               zumbidos de moscas
cuando hay muerto, y pena clara esponjosa y cierta esperanza.

Un enfermo lee La Prensa, como en facistol.

Otro está tendido palpitante, longirrostro,
cerca a estarlo sepulto.
Y yo advierto un hombro está en su sitio
todavía y casi queda listo tras de éste, el otro lado.

Ya la tarde pasó diez y seis veces por el subsuelo empatrullado,
y se está casi ausente
en el número de madera amarilla
de la cama que está desocupada tanto tiempo
           allá ....
                            enfrente.

LVI

Todos los días amanezco a ciegas
a trabajar para vivir: y tomo el desayuno
sin probar ni gota de él, todas las mañanas.
Sin saber si he logrado, o más nunca,
algo que brinca del sabor
o es sólo corazón y que ya vuelto, lamentará
hasta dónde esto es lo menos.

El niño crecería ahito de felicidad
          oh albas,
ante el pesar de los padres de no poder dejarnos
de arrancar de sus sueños de amor a este mundo;
ante ellos que, como Dios, de tanto amor
se comprendieron hasta creadores
y nos quisieron hasta hacernos daño.

Flecos de invisible trama,
dientes que huronean desde la neutra emoción,
          pilares
libres de base y coronación,
en la gran boca que ha perdido el habla.

Fósforo y fósforo en la oscuridad,
lágrima y lágrima en la polvareda.

LVII

Craterizados los puntos más altos, los puntos
del amor de ser mayúsculo, bebo, ayuno, ab-
sorbo heroína para la pena, para el latido
lacio y contra toda corrección.

¿Puedo decir que nos han traicionado? No.
¿Que todos fueron buenos? Tampoco. Pero
allí está una buena voluntad, sin duda,
y sobre todo, el ser así.

Y qué quien se ame mucho! Yo me busco
en mi propio designio que debió ser obra
mía, en vano: nada alcanzó a ser libre.

Y sin embargo, quién me empuja.
A que no me atrevo a cerrar la quinta ventana.
Y el papel de amarse y persistir, junto a las
horas y a lo indebido.

Y el éste y el aquél.

LVIII

En la celda, en lo sólido, también
se acurrucan los rincones.

Arreglo los desnudos que se ajan,
se doblan, se harapan.

Apéome del caballo jadeando, bufando
líneas de bofetadas y de horizontes;
espumoso pie contra tres cascos.
Y le ayudo: Anda, animal!

Se tomaría menos, siempre menos, de lo
que me tocase erogar,
en la celda, en lo líquido.

El compañero de prisión comía el trigo
de las lomas, con mi propia cuchara,
cuando, a la mesa de mis padres, niño,
me quedaba dormido masticando.

Le soplo al otro:
Vuelve, sal por la otra esquina:
apura... aprisa... apronta!

E inadvertido aduzco, planeo,
cabe camastro desvencijado, piadoso:
No creas. Aquel médico era un hombre sano.

Ya no reiré cuando mi madre reze
en infancia y en domingo, a las cuatro
de la madrugada, por los caminantes,
encarcelados,
enfermos
y pobres.

En el redil de niños, ya no le asestaré
puñetazos a ninguno de ellos, quien, después,
todavía sangrando, lloraría: El otro sábado
te daré mi fiambre, pero
no me pegues!
Ya no le diré que bueno.

En la celda, en el gas ilimitado
hasta redondearse en la condensación,
¿quién tropieza por afuera?

LIX

La esfera terrestre del amor
que rezagóse abajo, da vuelta
y vuelta sin parar segundo,
y nosotros estamos condenados a sufrir
como un centro su girar.

Pacífico inmóvil, vidrio, preñado
de todos los posibles.
Andes frío, inhumanable, puro.
Acaso. Acaso.

Gira la esfera en el pedernal del tiempo,
y se afila,
y se afila hasta querer perderse;
gira forjando, ante los desertados flancos,
aquel punto tan espantablemente conocido,
porque él ha gestado, vuelta
y vuelta,
el corralito consabido.
Centrífuga que sí, que sí,
que Sí,
que sí, que sí, que sí, que sí: No!
Y me retiro hasta azular, y retrayéndome
endurezco, hasta apretarme el alma!

LX

Es de madera mi paciencia,
sorda vejetal.

Día que has sido puro, niño, inútil,
que naciste desnudo, las leguas
de tu marcha, van corriendo sobre
tus doce extremidades, ese doblez ceñudo
de después deshiláchase
en no se sabe qué últimos pañales.

Constelado de hemisferios de grumo,
bajo eternas américas, inéditas, tu gran plumaje,
te partes y me dejas, sin tu emoción ambigua,
sin tu nudo de sueños, domingo.

Y se apolilla mi paciencia,
y me vuelvo a exclamar: ¡Cuándo vendrá
el domingo bocón y mudo del sepulcro;
cuándo vendrá a cargar este sábado
de harapos, esta horrible sutura
del placer que nos engendra sin querer,
y el placer que nos DestieRRa!

LXI

Esta noche desciendo del caballo,
ante la puerta de la casa, donde
me despedí con el cantar del gallo.
Está cerrada y nadie responde.

El poyo en que mamá alumbró
al hermano mayor, para que ensille
lomos que había yo montado en pelo,
por rúas y por cercas, niño aldeano;
el poyo en que dejé que se amarille al sol
mi adolorida infancia... ¿Y este duelo
que enmarca la portada?

Dios en la paz foránea,
estornuda, cual llamando también, el bruto;
husmea, golpeando el empedrado. Luego duda
relincha,
orejea y viva oreja.

Ha de velar papá rezando, y quizás
pensará se me hizo tarde.
Las hermanas, canturreando sus ilusiones
sencillas, bullosas,
en la labor para la fiesta que se acerca,
y ya no falta casi nada.
Espero, espero, el corazón
un huevo en su momento, que se obstruye.

Numerosa familia que dejamos
no ha mucho, hoy nadie en vela, y ni una cera
puso en el ara para que volviéramos.

Llamo de nuevo, y nada.
Callamos y nos ponemos a sollozar, y el animal
relincha, relincha más todavía.

Todos están durmiendo para siempre,
y tan de lo más bien, que por fin
mi caballo acaba fatigado por cabecear
a su vez, y entre sueños, a cada venia, dice
que está bien, que todo está muy bien.

LXII

Alfombra

Cuando vayas al cuarto que tú sabes,
entra en él, pero entorna con tiento la mampara
        que tanto se entreabre,
casa bien los cerrojos, para que ya no puedan
        volverse otras espaldas.

Corteza
Y cuando salgas, di que no tardarás
a llamar al canal que nos separa:
fuertemente cogido de un canto de tu suerte
te soy inseparable,
y me arrastras al borde de tu alma.

Almohada
Y sólo cuando hayamos muerto ¡quién sabe!
        Oh no. Quién sabe!
entonces nos habremos separado.
Mas, si, al cambiar el paso, me tocase a mí
la desconocida bandera, te he de esperar allá,
en la confluencia del soplo y el hueso,
como antaño,
como antaño en la esquina de los novios
        ponientes de la tierra.

Y desde allí te seguiré a lo largo
de otros mundos, y siquiera podrán
servirte mis nos musgosos arrecidos,
para que en ellos poses las rodillas
en las siete caídas de esa cuesta infinita,
y así te duelan menos.

LXIII

Amanece lloviendo. Bien peinada
la mañana chorrea el pelo fino.
Melancolía está amarrada;
y en mal asfaltado oxidente de muebles hindúes,
vira, se asienta apenas el destino.

Cielos de puna descorazonada
por gran amor, los cielos de platino, torvos
de imposible.

Rumia la majada y se subraya
de un relincho andino.

Me acuerdo de mí mismo. Pero bastan
las astas del viento, los timones quietos hasta
hacerse uno,
y el grillo del tedio y el jiboso codo inquebrantable.

Basta la mañana de libres crinejas
de brea preciosa, serrana,
cuando salgo y busco las once
y no son más que las doce deshoras.

LXIV

Hitos vagorosos enamoran, desde el minuto
montuoso que obstetriza y fecha los amotinados ni-
chos de la atmósfera.

Verde está el corazón de tanto esperar: y en el
canal de Panamá ¡hablo con vosotras, mitades, ba-
ses cúspides! retoñan los peldaños, pasos que suben,
pasos que baja-
n.
Y yo que pervivo,
y yo que sé plantarme.

Oh valle sin altura madre, donde todo duerme
horrible mediatinta, sin ríos frescos, sin entradas de
amor. Oh voces y ciudades que pasan cabalgando en
un dedo tendido que señala a calva Unidad. Mientras pasan, de mucho en mucho, gañanes de gran
costado sabio, detrás de las tres tardas dimensiones

      Hoy   Mañana   Ayer

(No, hombre!)

LXV

Madre voy mañana a Santiago,
a mojarme en tu bendición y en tu llanto.
Acomodando estoy mis desengaños y el rosado
de llaga de mis falsos trajines.

Me esperará tu arco de asombro,
las tonsuradas columnas de tus ansias
que se acaban la vida. Me esperará el patio,
el corredor de abajo con sus tondos y repulgos
de fiesta. Me esperará mi sillón ayo,
aquel buen quijarudo trasto de dinástico
cuero, que para no más rezongando a las nalgas
tataranietas de correa a correhuela.

Estoy cribando mis cariños más puros.
Estoy ejeando, ¿no oyes jadear la sonda?
          ¿no oyes tascar dianas?
estoy plasmando tu fórmula de amor
para todos los huecos de este suelo.

Oh si se dispusieran los tácitos volantes
para todas las cintas más distantes,
para todas las citas más distintas.

Así, muerta inmortal. Así.
Bajo los dobles arcos de tu sangre, por donde
hay que pasar tan de puntillas, que hasta mi padre
para ir por allí,
humildóse hasta menos de la mitad del hombre,
hasta ser el primer pequeño que tuviste.

Así muerta inmortal.
Entre la columnata de tus huesos
que no puede caer ni a lloros,
y a cuyo lado ni el Destino pudo entrometer
ni un solo dedo suyo.

Así muerta inmortal.
Así.

LXVI

Dobla el dos de Noviembre.

Estas sillas son buenas acogidas.
La rama del presentimiento
va, viene, sube, ondea sudorosa,
fatigada en esta sala.
Dobla triste el dos de Noviembre.

Difuntos, qué bajo cortan vuestros dientes
abolidos, repasando ciegos nervios,
sin recordar la dura fibra
que cantores obreros redondos remiendan
con cáñamo inacabable, de innumerables nudos
latientes de encrucijada.

Vosotros, difuntos, de las nítidas rodillas
puras a fuerza de entregaros,
cómo aserráis el otro corazón
con vuestras blancas coronas, ralas
de cordialidad. Sí. Vosotros, difuntos.

Dobla triste el dos de Noviembre.
Y la rama del presentimiento
se la muerde un carro que simplemente
rueda por la calle.

LXVII

Canta cerca el verano, y ambos
diversos erramos, al hombro
recodos, cedros, compases unípedos,
espatarrados en la sola recta inevitable.

Canta el verano y en aquellas paredes
endulzadas de marzo,
lloriquea, gusanea la arácnida acuarela
de la melancolía.

Cuadro enmarcado de trisado anélido, cuadro
que faltó en ese sitio para donde
pensamos que vendría el gran espejo ausente.
Amor, éste es el cuadro que faltó.

Mas, para qué me esforzaría
por dorar pajilla para tal encantada aurícula,
si, a espaldas de astros queridos,
se consiente el vacío, a pesar de todo.

Cuánta madre quedábase adentrada
siempre en tenaz atavío de carbón, cuando
el cuadro faltaba, y para lo que crecería
al pie de ardua quebrada de mujer.

Así yo me decía: Si vendrá aquel espejo
que de tan esperado, ya pasa de cristal.
Me acababa la vida ¿para qué?
Me acababa la vida, para alzarnos
sólo de espejo a espejo.

LXVIII

Estamos a catorce de Julio.
Son las cinco de la tarde. Llueve en toda
una tercera esquina de papel secante.
Y llueve más de abajo ay para arriba.
Dos lagunas las manos avanzan,
de diez en fondo,
desde un martes cenagoso que ha seis días
está en los lagrimales helado.

Se ha degollado una semana
con las más agudas caídas; hace hecho
todo lo que pueda hacer miserable genial
en gran taberna sin rieles. Ahora estamos
bien, con esta lluvia que nos lava
y nos alegra y nos hace gracia suave.

Hemos a peso bruto caminado, y, de un solo
          desafío,
blanqueó nuestra pureza de animales.
Y preguntamos por el eterno amor,
por el encuentro absoluto,
por cuanto pasa de aquí para allá.
Y respondimos desde dónde los míos no son los
                                        [tuyos
desde qué hora el bardón, al ser portado,
sustenta y no es sustentado. (Neto.)

Y era negro, colgado en un rincón,
sin proferir ni jota, mi paletó,
a
t
o
d
a
s
t
A

LXIX

Qué nos buscas, oh mar con tus volúmenes
docentes. Qué inconsolable, qué atroz
estás en la febril solana.

Con tus azadones saltas,
con tus hojas saltas,
hachando, hachando en loco sésamo,
mientras tornan llorando las olas, después
de descalcar los cuatro vientos
y todos los recuerdos, en labiados plateles
de tungsteno, contractos de colmillos
y estáticas eles quelonias.

Filosofía de alas negras que vibran
al medroso temblor de los hombros del día.

El mar, y una edición en pie,
en su única hoja el anverso
de cara al reverso.

LXX

Todos sonríen al desgaire en que voy-
me a fondo, celular de comer bien y bien beber.

Los soles andan sin yantar? O hay quien
les da granos como a pajarillos? Francamente,
yo no sé de esto casi nada.

Oh piedra, almohada bienfaciente al fin. Amémonos
los vivos a los vivos, que a las buenas cosas muertas
será después. Cuánto tenemos que quererlas
y estrecharlas, cuánto. A m e m o s las actuali-
dades, que siempre no estaremos como estamos.
Que interinos Barrancos no hay en los esenciales
cementerios.

El portero va en el alfar, a pico. La jornada nos
da en el cogollo, con su docena de escaleras, escala-
das, en horizontizante frustación de pies, por pávi-
das sandalias vacantes.

Y temblamos avanzar el paso, que no sabemos si
damos con el péndulo, o ya lo hemos cruzado.

LXXI

Serpea el sol en tu mano fresca,
y se derrama cauteloso en tu curiosidad.

Cállate. Nadie sabe que estás en mí,
toda entera. Cállate. No respires. Nadie
sabe mi merienda suculenta de unidad;
legión de oscuridades, amazonas de lloro.

Vanse los carros flagelados por la tarde,
y entre ellos los míos, cara atrás, a las riendas
fatales de tus dedos.
Tus manos y mis manos recíprocas se tienden
polos en guardia practicando depresiones,
y sienes y costados.

Calla también, crepúsculo futuro,
y recógete a reír en lo íntimo, de este celo
de gallos ajisecos soberbiamente,
soberbiamente ennavajados
de cúpulas, de viudas mitades cerúleas.
Regocíjate, huérfano; bebe tu copa de agua
desde la pulpería de una esquina cualquiera.

LXXII

Lento salón en cono, te cerraron, te cerré,
aunque te quise, tú lo sabes,
y hoy de qué manos penderán tus llaves.

Desde estos muros derribamos los últimos
escasos pabellones que cantaban.
Los verdes han crecido. Veo labriegos trabajando,
los cerros llenos de triunfo.
Y el mes y medio transcurrido alcanza
para una mortaja, hasta demás.

Salón de cuatro entradas y sin una salida,
hoy que has honda murria, te hablo
por tus seis dialectos enteros.
Ya ni he de violentarte a que me seas,
de para nunca; ya no saltaremos
ningún otro portillo querido.

Julio estaba entonces de nueve. Amor
contó en sonido impar. Y la dulzura
dio para toda la mortaja, hasta demás.

LXXIII

Ha triunfado otro ay. La verdad está allí.
Y quien tal actúa ¿no va a saber
amaestrar excelentes digitigrados
para el ratón. ¿Sí... No...?

Ha triunfado otro ay y contra nadie.
Oh exósmosis de agua químicamente pura.
Ah míos australes. Oh nuestros divinos.
          Tengo pues derecho
a estar verde y contento y peligroso, y a ser
el cincel, miedo del bloque basto y vasto;
a meter la pata y a la risa.

Absurdo, sólo tú eres puro.
Absurdo, este exceso sólo ante ti se
suda de dorado placer.

LXXIV

Hubo un día tan rico el año pasado...!
que ya ni sé qué hacer con él.

Severas madres guías al colegio,
asedian las reflexiones y nosotros enflechamos
la cara apenas. Para ya tarde saber
que en aquello gozna la travesura
y se rompe la sien.
Qué día el del año pasado,
que ya ni sé qué hacer con él,
rota la sien y todo.

Por esto nos separarán,
por eso y para que ya no hagamos mal.
Y las reflexiones técnicas aún dicen
¿no las vas a oír?
que dentro de dos gráfilas oscuras y aparte,
por haber sido niños y también
por habernos juntado mucho en la vida,
reclusos para siempre nos irán a encerrar.

Para que te compongas.

LXXV

Estáis muertos.

Que extraña manera de estarse muertos. Quienquiera diría no lo estáis. Pero, en verdad, estáis muertos, muertos.

Flotáis nadamente detrás de aquesa membrana que, péndula del zenit al nadir, viene y va de crepúsculo a crepúsculo, vibrando ante la sonora caja de una herida que a vosotros no os duele. Os digo, pues, que la vida está en el espejo, y que vosotros sois el original, la muerte.

Mientras la onda va, mientras la onda viene, cuán impunemente se está uno muerto. Sólo cuando las aguas se quebrantan en los bordes enfrentados y se doblan y doblan, entonces os transfiguráis y creyendo morir, percibís la sexta cuerda que ya no es vuestra.

Estáis muertos, no habiendo antes vivido jamás. Quienquiera diría que, no siendo ahora, en otro tiempo fuisteis. Pero, en verdad, vosotros sois los cadáveres de una vida que nunca fue. Triste destino el no haber sido sino muertos siempre. El ser hoja seca sin haber sido verde jamás. Orfandad de orfandades. Y sin embargo, los muertos no son, no pueden ser cadáveres de una vida que todavía no han vivido. Ellos murieron siempre de vida.

Estáis muertos.

LXXVI

De la noche a la mañana voy
sacando lengua a las más mudas equis.

En nombre de esa pura
que sabía mirar hasta ser 2.

En nombre de que la fui extraño,
llave y chapa muy diferentes.

En nombre della que no tuvo voz
ni voto, cuando se dispuso
esta su suerte de hacer.

Ebullición de cuerpos, sin embargo,
aptos; ebullición que siempre
tan sólo estuvo a 99 burbujas.

¡Remates, esposados en naturaleza,
de dos días que no se juntan,
que no se alcanzan jamás!

LXXVII

Graniza tanto, como para que yo recuerde
y acreciente las perlas
que he recogido del hocico mismo
de cada tempestad.

No se vaya a secar esta lluvia.
A menos que me fuese dado
caer ahora para ella, o que me enterrasen
mojado en el agua
que surtiera de todos los fuegos.

¿Hasta dónde me alcanzará esta lluvia?
Temo me quede con algún flanco seco;
temo que ella se vaya, sin haberme probado
en las sequías de increíbles cuerdas vocales,
por las que
para dar armonía,
hay siempre que subir ¡nunca bajar!
¿No subimos acaso para abajo?

Canta, lluvia, en la costa aún sin mar!

ÍNDICE

COLECCIÓN «LAIA B»

Textos básicos
para una cultura universal